英会話1000本ノック
明日英語が必要というとき
本番直前編

英会話コーチ
スティーブ・ソレイシィ 著

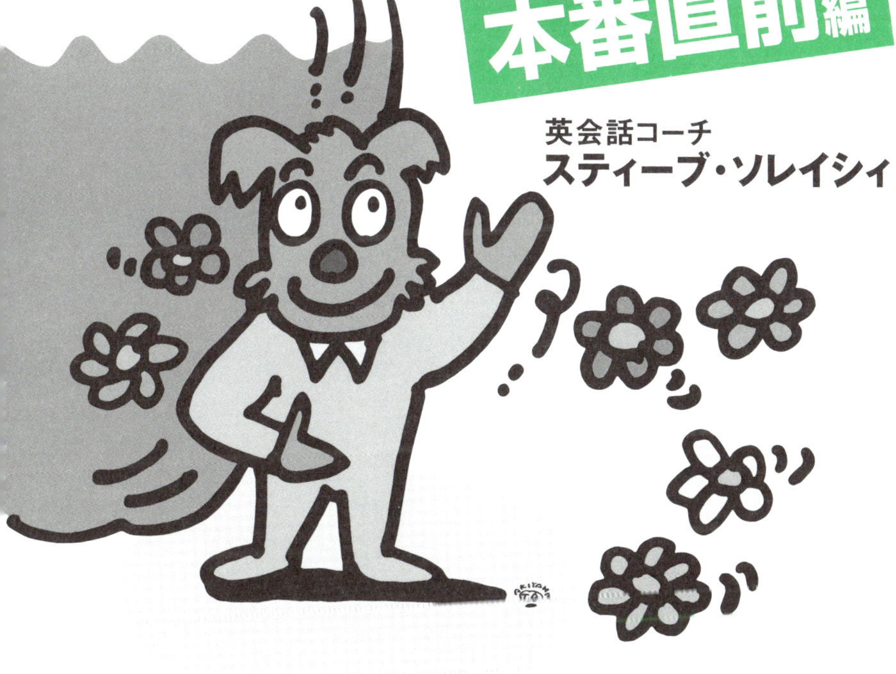

はじめに
Message from the coach

　英語を使う場所を山ほど持っている人もいるでしょうが、英語を使う場所が少ない人こそ、その少ない会話のチャンスを有効に生かしたいですね。そしてその時にベストな英会話をすることによって上達度合が上がります。つまり有効な事前準備をすればいいんです！　会話のチャンスがやってきたとき、会話が終わるころになってはじめて調子がでるのではなく、会話の出だしから「会話できている」という実感を抱くことができ、その実感によってさらに上達することができます。このように英会話の機会が少ないけれどすぐに成果を実感したい人のためにこの練習キット（本と音声）を制作しました。

　本書は「英会話1000本ノック」シリーズの4冊目になります。本シリーズはどれも実践的な練習をするので会話の実力がつきます。いや、僕からの1000本を受けて自分の答えを口に出すことで実力がつかざるを得ないと言えるでしょう。暗記していつか遠い将来に使うという遠いゴールではなく、使えるものを使ってみる、そして使える範囲を少しずつ広げていく、これが有効な方法です。

　こんな言葉があります。
Use it, or lose it. （能力は）使わないと失ってしまう。

この文を私が少し言い換えると、
Use it, and keep it. （能力は）使うことによって身につく。

　つまり、勉強しても使わないと英語を失ってしまうけれど、使うとちゃんと身につく、ということ。

　本書は、明日にでも英語を使う本番が迫っている人たちのかけこみトレー

ニングとして活用できるようになっています。また、本書を構成している19の本番はよくある英語の会話シーンから厳選しています。トレーニングはひとつの本番をとりあげて練習してもよいですし、すべての本番を通すことでよく使うフレーズややりとりを自然に復習することができます。また、音声を併用して練習すれば、少ない英語チャンス（あるいは英語を使わざるを得ないピンチ！）を最大限に生かすことができます。

　今の時代、英語を使うチャンスがゼロだという人はほとんどいないでしょう。しかし英語を使う機会がゼロに近い人たちこそ、外国人の友だちにちょっとあいさつする、もしくは町や駅で道を聞かれて案内するなどの本番をうまくこなしたいですよね。また海外旅行でも、初日から英語で自分のベストを発揮するためにも事前準備をしたいですよね。そういった人たちに本書をぜひ活用していただきたいです。

　英語を「話す」本番前に、英語を「勉強する」ことはおすすめしません。表現集を開いてみたり、会話集を聞いてリピートしたりして、一時的な安心感に満たされるかもしれませんが、「話す」という実践的なトレーニングをしない限り、会話できるようになるわけありませんよね。

　本書では実際に僕の問いかけ（ノック）に時間制限内に返答をしてみることで——いわゆる本物の会話のシミュレーションで——実力を測ることもできます（時間内に返事ができるかどうかですぐにわかる）。そしてもちろん、実力を最大限に伸ばすことができます。返す言葉がやさしいものでも、軌道にのってリズムよく言葉を返すという力を鍛えることで、本番に発揮できるちからが強化されます。

Let's get ahead of that.

　　　　　　　2014年3月　スティーブ・ソレイシィ

Contents

- はじめに … 2
- 本書の使い方と基本的な構成 … 8
- 付属 CD-ROM について … 12

Chapter 1
口慣らしウォーミングアップ 13

- 口慣らしウォームアップ 1　イントネーションで表現力アップ … 14
- 口慣らしウォームアップ 2　頭と口の連携スピードアップ … 16

Chapter 2
初対面の本番

First Encounters 19

- 基礎準備　出会いと別れの定番あいさつ … 20
  - Unit 1　How are you? 攻撃 … 20
  - Unit 2　初対面の名前攻撃 … 21
  - Unit 3　はじめましてのあいさつ上手 … 22
  - Unit 4　定番の「またね」表現 … 23
  - Unit 5　道案内上手—It's that way. … 24
  - Unit 6　聞き返しで会話コントロール … 25
  - ★ Rally の効果的なトレーニング方法 … 26
- 本番 1　英語講師とファーストレッスン … 28
- 本番 2　友だちのフレンドと初対面 … 36
- 本番 3　来客の先生を駅でピックアップ … 44

| 本番 4 | 突撃 | 電車で突然話しかけられる | 54 |
| 本番 5 | 突撃 | 街で突然道を聞かれる | 58 |

Speed Challenge 1	発音ノック —— 2ビート	66
Speed Challenge 2	発音ノック —— 3ビート	67
Speed Challenge 3	テンポトレーニング —— サンドイッチの注文	68

Chapter 3
一緒に時間を過ごす本番
Deeper Encounters 69

| 基礎準備 | あいさつとお礼の定番表現 | 70 |

- Unit 1 2回目以降に会うときの定番あいさつ Nice to see you again. …… 70
- Unit 2 Long time no see. 以外の「久しぶり」をマスター …… 71
- Unit 3 人を紹介する …… 72
- Unit 4 Thank you. と言われた時に返すフレーズセット …… 73

本番 6	ゲストを招く —— 自宅編	74
本番 7	ゲストとして訪問する —— 友だちの家編	82
本番 8	ゲストを出迎える —— ビジネス編	92
本番 9	ゲストとして訪問する —— ビジネス編	102

➡ Contents

| 本番 10 | 街を観光案内 ── 日本的なものを説明する | 112 |
| 本番 11 | 親密なおつき合い ── デート | 120 |

Speed Challenge 4	発音ノック ── 3ビート（2）	128
Speed Challenge 5	発音ノック ── 4ビート	129
Speed Challenge 6	頭と口のスピード連携ノック	130

Chapter 4
食事も会話も共有する本番
Sharing a Meal 131

基礎準備	**食事も会話もはずむ定番表現**	**132**
Unit 1	「おいしい」の基礎表現	132
Unit 2	食事や料理の感想をシェアする表現	133
Unit 3	「いただきます」「ごちそうさま」の言い換え表現	134
Unit 4	外食の基礎 ── 飲み物のオーダーと勘定のやりとり	135

本番 12	カフェでクイックランチ	136
本番 13	友だちのBBQパーティに参加する	144
本番 14	自宅での食事に友だちを招待	154
本番 15	仕事帰りにバーで一杯	162

| Speed Challenge 7 | テンポトレーニング ── 参加に登録する | 170 |
| Speed Challenge 8 | 計算ノック ── Figures and numbers | 172 |

Chapter 5
海外旅行のお決まり本番

Travel 173

基礎準備	旅行の必須会話セット	174
	Unit 1 「すみません」的表現をすっきり整理	174
	Unit 2 Thanks & Sorry 合戦	175
	Unit 3 要求をていねいに伝える超便利表現 May I have+ 欲しいもの	176
	Unit 4 要求をていねいに伝える超便利表現 May I have+ 欲しい情報	177

本番 16	空港からタクシーに乗るまで	178
本番 17	ホテルでの会話	188
本番 18	カフェとショッピングを楽しむ	196
本番 19	突撃 海外でのトラブル回避術	204

Speed Challenge 9	テンポトレーニング ── 空港にて	218
Speed Challenge 10	発音ノックの応用 ── 文章編	219
Speed Challenge 11	名言ビルドアップ	220
Speed Challenge 12	あたまと口をやわらかく─否定文で言い換えノックと早口ノック	221

本書の使い方と基本的な構成

本書の構成

本 **1** 冊 (1000 本ノック) + トレーニング用　CD-ROM1 枚

練習ノック 1000 本　問いかけノック + あなたが回答する時間 + 回答例

Knock Test 1000 本　問いかけノック + あなたが回答する時間

計ノック 2000 本収録

CD-ROM の使い方

本教材は本と音声の学習セットです。学習にはできるだけ音声を活用して、1000本の問いかけノックに対して自分から英語を口に出すようにしましょう。付属の CD-ROM には本書のノックが学習しやすい単位で収録されています。コーチのノックを聞いて、ポーズの間に自分の回答を言いましょう。

▶ポーズの間に自分で回答を言ってみよう！

※テスト用ノック（Knock Test）には回答例は収録されてれいませんので、テンポよくトレーニングができます。

学習アドバイス

本書の学習は初級者から中級者向けの3段階のトレーニング方法があります。英語の難易度が高くなるのではありません。同じ基礎的な英語を使用しますが、下記の3つの練習方法によってスキルの難易度を調整することができます。自分に合ったやり方をみつけてくださいね。

EASY トレーニングコース

❶ 本を見ながら、ノックと回答例の内容そして「本番」の流れを確認する。
❷ まずは音声を使わずに、本のノックの部分だけを見て、それぞれに自分のペースで短い回答をしてみる。
❸ また本を見ながら問いかけを見て、さらに音声を聞きながら、ポーズの間に回答を答える。回答率は 50% 以上を目指す。

CHALLENGING トレーニングコース

❶ 本を見ないで音声だけを聞いて、ポーズの間に自分なりの回答を言ってみる。
❷ 次に、回答例と自分の回答を比較して、返せたノックと返せなかったノックを把握する。そして必要な回答例だけを本でチェック。回答率は 70% 以上を目指す。繰り返しトライしましょう。

3 ADVANCED トレーニングコース

❶ 本を見ないで音声だけを聞いて、ポーズの間に自分なりの回答を言ってみる。
❷ 返せたノックと返せなかったノックをチェックし、再度チャレンジ。この時に、ひとつでもよいので気の利いた自分だけのオリジナル回答を言えるように目指す。またすべてのノックをポーズの制限時間内に言い切れるようにする。回答率は 90 ～ 100% 以上を目指す。

Knock Test の使い方

　CD-ROM には通常の練習用トラック（問いかけノック＋ポーズ＋回答例）と Knock Test 用トラック（問いかけノック＋ポーズ）があります。Knock Test の 1000 本は回答例が入っていないので、コーチとあなただけのフレーズトレーニングやマンツーマンの会話をイメージして自分なりの回答を返してみてください。

音声トラックのならび

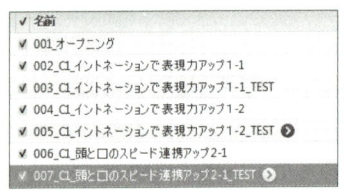

練習用トラックのすぐ後に「_TEST」という名前で同じ内容のノックが回答例なしで収録されています。

例）002_C1_ イントネーションで表現力アップ 1-1
　　→練習用（回答例入り）
　　003_C1_ イントネーションで表現力アップ 1-1_TEST
　　→ Knock Test 用（回答例なし）

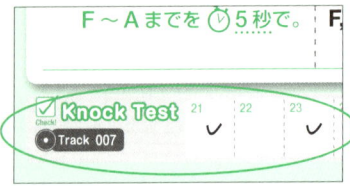

Knock Test のトラックでは、各ページのノックを左記のチェックボックスを使って学習します。自分で怪しいと思ったノックにチェックを入れたり、逆にできたところにチェックを入れてもよいです。

「本番」の構成

❶ Short Rally ---------- 定番の会話を 6 往復前後でトレーニング

❷ よく使う表現ノック ---- それぞれの「本番」でよく使う表現を
　　　　　　　　　　　　　日→英で練習。

❸ よく聞かれる質問ノック -- それぞれの「本番」でよく聞かれる質問を
　　　　　　　　　　　　　英→英で練習。

❹ Long Rally ---------- 定番の会話を 12 往復前後でトレーニング。
　　　　　　　　　　　　　「よく使う表現」「よく聞かれる質問」で学習
　　　　　　　　　　　　　した成果をここで発揮しよう！

※突撃本番は「Short Rally」と「よく使う表現」だけで構成されます。

本書の使い方と基本的な構成

ページの使い方

Short Rally と Long Rally

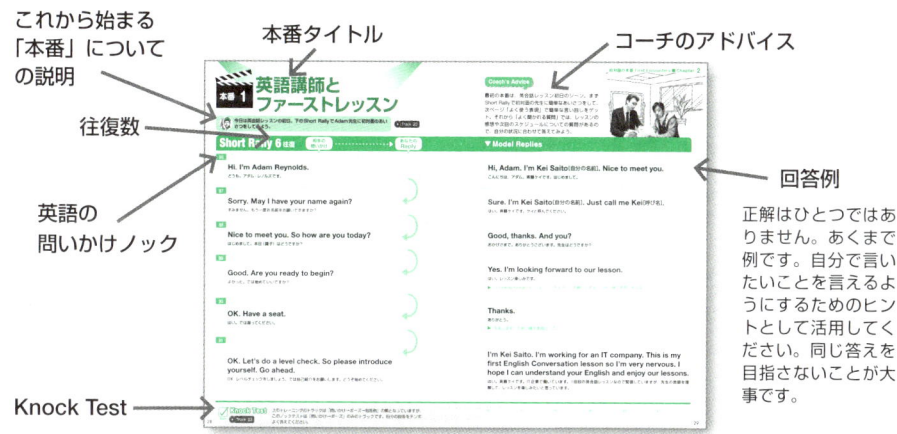

- これから始まる「本番」についての説明
- 本番タイトル
- コーチのアドバイス
- 往復数
- 英語の問いかけノック
- 回答例：正解はひとつではありません。あくまで例です。自分で言いたいことを言えるようにするためのヒントとして活用してください。同じ答えを目指さないことが大事です。
- Knock Test

「よく使う表現」「よく聞かれる質問」

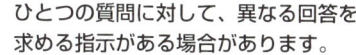

※サンプルは「よく聞かれる質問」のページです。

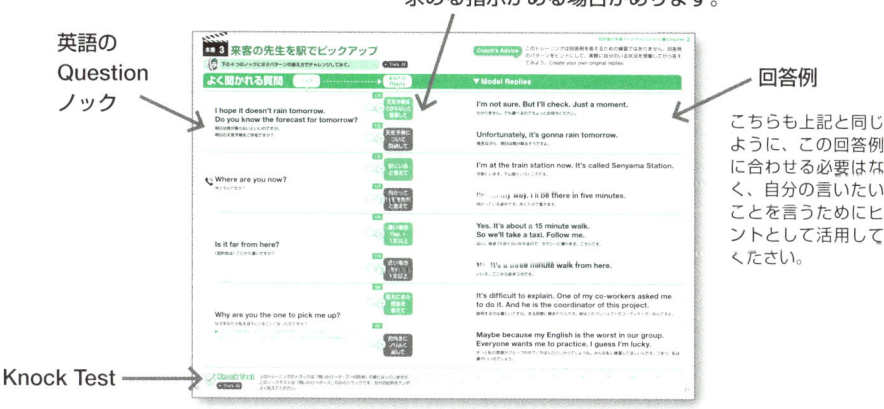

- ひとつの質問に対して、異なる回答を求める指示がある場合があります。
- 英語の Question ノック
- 回答例：こちらも上記と同じように、この回答例に合わせる必要はなく、自分の言いたいことを言うためにヒントとして活用してください。
- Knock Test

このほかにも口慣らし用のトレーニングや、息抜き用の Speed Challenge などの練習セットもあります。「本番」のトレーニングとあわせて活用してください。

11

付属 CD-ROM について

本書の付属 CD-ROM は、Windows、Mac いずれでも利用できる一般的なフォーマットのデータディスクです。プログラムは収録されていません。収録されている音声データは一般的な MP3 形式ですから、「パソコンで再生する」、「iPod などの携帯音楽プレイヤーに取り込んで聞く」、「音声 CD 形式のディスクを作成して音楽 CD プレイヤーで聞く」など、いろいろな方法で利用できます。

▶ Windows パソコンの場合

ディスクを挿入すると、「ディスクに対してどのような動作をさせるか」を尋ねるウィンドウが現れます。「フォルダを開いてファイルを表示」を選択するとフォルダーが開きますので、テキストファイル「はじめにお読みください」を開いてお読みください。

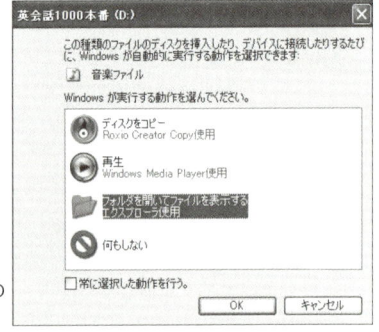

表示される右の画面は、お使いのパソコンによって異なります。

▶ Mac の場合

ディスクを挿入すると、デスクトップ上に CD-ROM のアイコンが現れます。アイコンをダブルクリックしてディスクのウィンドウを開き、テキストファイル「はじめにお読みください」を開いてお読みください。

フォルダ内容

● お使いのコンピューターの設定によっては、上記のとおりに動作しない場合があります。その場合は、設定に応じた操作をしてください。

● 音声データファイルの利用方法や名称などの詳細については、ディスク内のテキストファイル「はじめにお読みください」をお読みください。

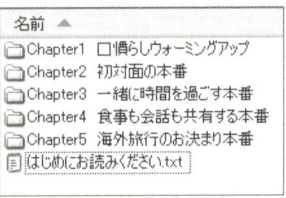

Windows は米国 Microsoft Corporation の米国およびその他の国における登録名称です。
Mac は Apple Computer, Inc. の商標で、米国およびその他の国で登録されています。

Chapter 1

口慣らし ウォーミングアップ

- 口慣らしウォームアップ 1　イント・ネーションで表現力アップ　(→p.14)
- 口慣らしウォームアップ 2　頭と口の連携スピードアップ　(→p.16)

イントネーションで表現力アップ

ここでは Yes. と No. だけでニュアンスを伝えるトレーニングをしましょう。　● Track 002

	ノック	Answer
1	普通に	**Yes.**
2	怒った感じ	**Yes!**
3	ホッとした感じ	**Yes.**
4	疑う感じ	**Yes?**
5	（呼ばれて）なあに	**Yes.**（のばす）
6	普通に	**No.**
7	おしいけど違う	**Noooo.**（のばす）
8	怒った感じ	**No!**
9	ばかばかしくて違う	**No.**
10	疑う感じ	**No?**

Knock Test
Check!　● Track 003
　　　　● Track 005

通常のトレーニング音声は「問いかけ→ポーズ→回答例」の順になっています。
各ノックにはノックテストと言って、「問いかけ→ポーズ」のみの音声で自分なりの回答を試すテストが用意されています。
それぞれページの下にノックテスト用のチェックボックスがあるので、うまく回答できたかどうかチェックしてみてください。

口慣らしウォーミングアップ ■ Chapter 1

Coach's Advice 簡単なことばを使って、イントネーションの力で表現の幅を広げよう。ノックを聞いてそれぞれのフレーズを感情をこめて表してみて。

前半は This is my room.、後半は You found my homework. で練習。　● Track 004

	ノック	Answer
11	普通に	This is my room.
12	自慢げな感じ	This is my room.
13	疑う感じ 1 （本当に）**これ**が私の部屋？	**This** is my room?
14	疑う感じ 2 （本当に）これが私の**部屋**？	This is my **room**?
15	疑う感じ 3 これが（本当に）**私の**部屋？	This is **my** room?
16	普通に	You found my homework.
17	超うれしい様子で	You found my homework!
18	うしろめたくやばい感じで	You found my homework.
19	疑う感じ 1　あなたが私の宿題 （本当に）**見つけたの**？	You **found** my homework?
20	疑う感じ 2　（本当に）**あなた**が私の宿題見つけたの？	**You** found my homework?

口慣らしウォームアップ 2 — 頭と口のスピード連携アップ

Track 006

	ノック	Answer
21	1〜25を 15秒で。	One, two three, four... twenty-five.
22	1〜25を 10秒で。	One, two three, four... twenty-five.
23	1〜30を 10秒で。	One, two three, four... thirty.
24	15〜1を 15秒で。	Fifteen, fourteen, thirteen... one.
25	13〜1を 10秒で。	Thirteen, twelve, eleven... one.
26	18〜1を 20秒で。	Eighteen, seventeen, sixteen... one.
27	A〜Zを 10秒で。	A, B, C...
28	D〜Aまでを 5秒で。	D...
29	E〜Aまでを 5秒で。	E...
30	F〜Aまでを 5秒で。	F...

Knock Test — Track 007

Coach's Advice

頭の中ではサッとイメージできても、それを制限時間内に口に出し切れるかどうかがこれからのトレーニングにも会話にも貢献する力になるよ。

ノック / **ヒント** / Track 008

#	ノック	ヒント
31	I like + [動名詞]。 10 秒で 3 個。	I like shopping. 自分のオリジナルを 3 個 (回答例は次のページ)
32	I don't like + [動名詞]。 10 秒で 2 個。	I don't like jogging.
33	No.31 と No.32 を交互に。 20 秒で 4 個。（2 個ずつ）	I like shopping. I don't like jogging.
34	動名詞を名詞に変えて交互に。 20 秒で 4 個。（2 個ずつ）	I like Sundays. I don't like Mondays.
35	明日することを。 10 秒で 3 個。	Tomorrow I'm gonna meet my friend.
36	明日しないことを。 10 秒で 2 個。	Tomorrow I'm not gonna come home early.
37	明日することとしないことを交互に。 20 秒で 4 個。（2 個ずつ）	Tomorrow I'm gonna read a book. Tomorrow I'm not gonna watch TV.
38	今年したいことを。 10 秒で 3 個。	This year I wanna go to Hawaii.
39	今年したくないことを。 10 秒で 2 個。	This year I don't wanna get sick.
40	今年したいことと今年したくないことを交互に。 20 秒で 4 個。（2 個ずつ）	This year I wanna go to Hawaii. This year I don't wanna get sick.

Knock Test 31 32 33 34 35 36 37 38 39 40
Track 009

口慣らしウォームアップ 2　モデルアンサー

> あなたなりの回答を制限時間内に言うことはできましたか。80%くらいができていればOK。

31 I like dancing. / I like singing. / I like reading.
ダンスが好き／歌うのが好き／読書が好き

32 I don't like swimming. / I don't like waiting.
水泳は好きじゃない／待つのは好きじゃない

33 I like dancing. / I don't like packing. / I like reading. / I don't like waiting.
ダンスが好き／荷造りは好きじゃない／読書が好き／待つのは好きじゃない

34 I like chocolate. / I don't like coffee. / I like summer. / I don't like snow.
チョコレートが好き／コーヒーは好きじゃない／夏が好き／雪は好きじゃない

35 Tomorrow I'm gonna... go shopping. / buy some winter clothes. / meet some friends.
明日、買い物に行く／冬服を買いに行く／友だちに会う

36 Tomorrow I'm not gonna... be late for school. / eat too much chocolate.
明日、学校に遅刻しない／チョコレートを食べすぎない

37 Tomorrow... I'm gonna go shopping. / I'm not gonna make a cake. / Tomorrow... I'm gonna sleep late. / I'm not gonna go to work.
明日買い物に行く／明日ケーキは作らない／明日遅く寝る／明日会社に行かない

38 This year I wanna... go to Hawaii. / lose weight. / complete 1000 knocks.
今年、ハワイに行きたい／痩せたい／1000本ノックを達成したい

39 This year I don't wanna... lose my cell-phone. / And I don't wanna drop my cell-phone either.
今年、携帯電話をなくしたくない／そして携帯電話も落としたくない

40 This year I wanna lose weight. / This year I don't wanna get sick. / This year I wanna go to Hawaii. / This year I don't wanna lose... this year I don't wanna lose my cell-phone.
今年痩せたい／今年病気になりたくない／今年ハワイに行きたい／今年はなくしたくない……今年携帯電話をなくしたくない

Knocks 041 - 271

Chapter 2

初対面の本番

First Encounters

| 基礎準備 | 出会いと別れの定番あいさつ (→ p.20)
| 本番 1 | 英語講師とファーストレッスン (→ p.28)
| 本番 2 | 友だちのフレンドと初対面 (→ p.36)
| 本番 3 | 来客の先生を駅でピックアップ (→ p.44)
| 本番 4 | 突撃 | 電車で突然話しかけられる (→ p.54)
| 本番 5 | 突撃 | 街で突然道を聞かれる (→ p.58)

Speed Challenge (→ p.66)

Chapter 2 基礎準備

出会いと別れの定番あいさつ

Unit 1 How are you? 攻撃　英→英

Coach's Advice How...?にはいろいろな変化球があるけれど、多くの場合は本当に調子を知りたいのではなく、社交辞令なので「おかげさまで」とスムーズに返そう。

● Track 10

　　　　ノック　　　　　　▼しおり　　　　　Reply

41
How are you?
お元気ですか？
→ Good, thanks. And you?
おかげさまで。ありがとう。あなたは？

42
So, how are you doing?
調子はどうですか？
→ Good, thanks. And you?
おかげさまで。ありがとう。あなたは？

43
We finally met. How are you?
やぁ。やっと会えたね。元気？
→ Good, thanks. And you?
おかげさまで。ありがとう。あなたは？

44
Oh, long time no see. How have you been?
やぁ。久しぶり。お元気ですか？（ご無沙汰ですね）
→ Good, thanks. And you?
おかげさまで。ありがとう。あなたは？

45 **Quick Rally**　学習した表現を使ってみよう。

Hi. → (Hi.) → How are you doing? → (Good, thanks. And you?)

✓**Knock Test** ● Track 11　　41　42　43　44　45
ノックテストは「問いかけ→ポーズ」のみのトラックです。自分の回答をテンポよく答えてください。

Unit 2 初対面の名前攻撃

初対面の本番 First Encounters ■ Chapter 2

英→英

Coach's Advice Hi.+ I'm... と言われるので、Hi.+ 言われたファーストネームを使ってあいさつをしよう。人の名前は難しく考えないで聞こえたとおりに言ってみて。

● Track 12　　ノック　　Ⅴしおり　　Reply

46
Hi.
どうも。／こんにちは。
▶定番のあいさつ。落ち着いたトーンで「ハイン」と言おう。

→ Hi.
どうも。

47
Hi, there.
どうもどうも。／あ、どうも。

→ Hi, there.
どうもどうも。

48
Hi. I'm Paul.
どうも。ポールです。

→ Hi, Paul. Nice to meet you.
こんにちは、ポール。はじめまして。

49
Hi. I'm Fantasia.
こんにちは。ファンタジアです。

→ Hi, Fantasia. Nice to meet you.
こんにちは、ファンタジア。はじめまして。

50
Hi. I'm Timothy Oblangi. Just call me Tim.
どうも。ティモシー・オブランジです。ティムと呼んでください。

→ Hi, Tim. Nice to meet you.
こんにちは、ティム。はじめまして。

 実践してみよう。相手の紹介の後に自分の名前を言ってあいさつしよう。

51
Oh. Nice to meet you. I'm Jon Carlo.
はじめまして。ジョン・カルロです。

→ Hi. Jon Carlo. I'm Kei Saito [自分の名前]. Nice to meet you.
こんにちは、ジョン　カルロ。斉藤ケイ [自分の名前] といいます。はじめまして。

52
May I have your name again?
お名前をもういちどお願いできますか？

→ Sure. I'm Kei Saito [自分の名前]. Just call me Kei [自分の呼び名].
はい。斉藤ケイです。ケイと呼んでください。

53
How do I pronounce your name again?
お名前の発音をもういちどいいですか？

→ It's K-E-I. So it's Kei.
はい。K-E-Iでケイです。

✓ **Knock Test**　46　47　48　49　50　51　52　53
● Track 13

Unit 3 はじめましてのあいさつ上手

Coach's Advice 初対面では Nice to meet you. が基本。これを変化させてよく使うバリエーションで使えるようになろう。

Track 14

| | ノック | しおり | Answer |

54 （カジュアルに）はじめまして。
（直）お会いできてうれしいです。
→ Nice to meet you.

55 （丁寧に）はじめまして。
→ It's nice to meet you.

56 （やっとお会いして）やっとお目にかかれましたね。
→ Nice to finally meet you.

57 （やっとお会いしてを丁寧に）やっとお目にかかれましたね。
→ It's nice to finally meet you.

58 （敬意をこめて）お会いできてうれしいです。
→ It's a pleasure to meet you.

59 （著名人などに）お目にかかれて光栄です。
→ It's a honor to meet you.

別れ際には……

60 （カジュアルに）では失礼します。
→ Nice meeting you.
▶別れ際には meeting を使う。meet でも通じるが、こちらが定番。

61 （丁寧に）では失礼いたします。
→ It was nice meeting you.

Knock Test 54 | 55 | 56 | 57 | 58 | 59 | 60 | 61
Track 15

Unit 4 定番の「またね」表現

初対面の本番 First Encounters ■ Chapter 2

Coach's Advice ここでは、waitではなくよく使うI'm looking for... とSee you... の表現を身につけて正しい「またね」を使えるようになろう。

Track 16

ノック / しおり / Answer

62
（また会えるのを）
お待ちしています。
→ **I'm looking forward to seeing you.**
▶「待つ」=waitとしないで。メールなどの最後によく使う「お返事をお待ちしています」はI'm looking forward to hearing from you.

63
（先生などと最初にあいさつするときに）
今日はよろしくお願いします。
→ **I'm looking forward to your lesson.**

64
またね。
→ **See you later.**
▶ See you. だけだと「んじゃ」のようにカジュアルすぎるのでなにかひとことプラスするとよい。

65
またいつか会いましょう。
→ **See you again sometime.**

66
では、またね。
→ **See you around.**
▶ どこかで会う可能性のある場合は最後にその場所 the office / the park / the gym などを付けたすとよい。See you around at the office. など。

67
また明日ね。
→ **See you tomorrow.**

68
（会うことになっている人に）
では後ほど。
→ **See you soon.**

69 **Quick Rally** 学習した表現を、ほぼオウム返しでテンポよく使ってみよう。

Nice meeting you. → Nice meeting you too. → See you around. → See you around. → B'bye. → B'bye.

Knock Test 62 | 63 | 64 | 65 | 66 | 67 | 68 | 69
Track 17

Unit 5 道案内上手—It's that way. 日→英 英→英

Coach's Advice わかりやすく道を案内するコツは、まず道順を教えないこと。教えてあげたい方向を指さして、It's that way. そしてさらに会話のキャッチボールをこなして補足情報をプラスしてみよう。

Track 18

ノック | しおり | Reply + Answer

70
あちらです。
→ It's that way.

71
あちらだと思います。
→ I think it's that way.

72
正確にはわかりませんが、あちらだと思います。
→ I'm not sure, but I think it's that way.

 あなたの自宅の近くで道を聞かれたと想定して……

73
Which way is the nearest train station?
最寄りの駅はどちらですか？
→ It's that way. +指さし
あちらです。

74
Where is the nearest convenience store?
最寄りのコンビニはどちらですか？
→ It's that way. +指さし
あちらです。

75
I'm looking for a bank.
銀行を探しているのですが……。
→ It's that way. +指さし
あちらです。

76
Where can I find the post office?
郵便局はどちらでしょうか？
→ It's that way. +指さし It's about 10 minutes from here.
あちらです。ここから10分くらいです。

77 **Quick Rally** 学習した表現を使ってみよう。

Excuse me? → Yes? → Where's the post office? → I think it's that way.
→ OK. Thanks. → No problem.

 **Knock Test** 70 | 71 | 72 | 73 | 74 | 75 | 76 | 77
Track 19

初対面の本番 First Encounters ■Chapter 2

Unit 6 聞き返しで会話コントロール

Coach's Advice 急に聞き取れない長文などで話しかけられても大丈夫。Would you...?などで聞き返すことで会話をこちらのペースに合わせてもらおう。

Track 20

ノック｜しおり｜Answer

78 (軽く聞き返すていねいな表現)
え？
➡ **Sorry?**

79 もういちどお願いできますか？
➡ **Would you say that again, please?**
▶聞き取れないときに、One more, please. や Again, please. でも通じるがカタコトに聞こえてしまうのでこの表現にしましょう。

80 もう少しゆっくり話していただけますか？
➡ **Would you say that more slowly?**

81 もう少し簡単に言っていただけますか？
➡ **Would you say that more simply?**

82 (ノックを聞いて Would you...? で聞き返してみて)
Blah, blah, blah...
➡ **Would you say that again?**

83 住所を教えていただけますか？
➡ **Would you tell me the address?**

84 (うまく相手の言っている場所が聞き取れない場合は)
ここに書いていただけますか？
➡ **Would you write that here?**

85 ここでお待ちいただけますか？
誰かに聞いてきます。
➡ **Would you wait here? I'll ask someone.**

✓ **Knock Test** 78 | 79 | 80 | 81 | 82 | 83 | 84 | 85
Track 21

Rallyの効果的なトレーニング方法

　これから始まる「本番」ではRallyのトレーニングをします。ただ繰り返すだけのリピーティングやフレーズなどを暗記する学習ではなく、6〜12のノック（コーチからの問いかけ）に対して、自分なりに答える疑似会話をしてもらいます。例えば本番3の「来客の先生を駅でピックアップ」では、Do you know the forecast for tomorrow? と聞かれますが、自分の地域の実際の天気予報を言ってみましょう。

　回答例としてModel Repliesを載せていますが、これは正解ではありません。Rallyトレーニングは複数の人がまったく違う答え方をするのが自然なスタイルです。どのような返事が返ってきても会話が成立し、しかもいろんな答え方ができるようにノックを厳選しています。

　残念ながら実際の会話のように、あなたからの質問に私が答えるということはできないけれど、学習者は私のノックに対して答えて、答えて、答えて……というかたちで会話が成立するので、会話を止めることなく何往復できるかが重要なポイントです。

　自分で言いたいことの内容を考えて、基礎的な言葉を「運用」して答える、そして会話体力をつけることがRallyトレーニングのねらいです。

　最初は回答例（Model Replies）が収録されたトラックを使用してひとつのRallyを2〜3回トライしてみて、慣れてきたら回答例の入っていないKnock Testのトラックであなただけの本番Rallyを実践してみましょう。

いろんな回答であたりまえの例

1往復目

Hi. I'm Adam Oblangi.
どうもアダム・オブランジです。

Hi. I'm Suzuki. Nice to meet you.
こんにちは。鈴木と言います。はじめまして。

Hi. My name is Ken Kato.
こんにちは。加藤ケンです。

Hello. Nice to meet you. I'm Kei.
こんにちは。はじめまして。ケイと言います。

2往復目

Nice to meet you. So how are you today?
はじめまして。本日（調子）はいかがですか？

Good, thanks. And you?
いいです。ありがとうございます。先生はどうですか？

Nice to meet you too. I'm little nervous. How are you?
こちらこそはじめまして。ちょっと緊張しています。先生はいかがですか？

Great, thanks. And you?
とてもいいです。ありがとうございます。先生はどうですか？

3往復目

So please introduce yourself.
では、自己紹介をしてください。

Yes. My name is Suzuki. I work for transportation company.
はい。名前は鈴木です。運輸会社で働いています。

My name is Kato Ken. I don't work now. Please call me Ken.
名前は加藤ケンです。今は働いていません。ケンと呼んでください。

Hello. I'm Kei. I'm university student. I'm studying sociology.
こんにちは。ケイと言います。大学生です。社会学を勉強しています。

本番 1 英語講師とファーストレッスン

 今日は英会話レッスンの初日。下の Short Rally で Adam 先生に初対面のあいさつをしてみよう。

● Track 22

Short Rally 6 往復   相手の問いかけ ------> あなたの Reply

86

Hi. I'm Adam Reynolds.
どうも。アダム・レノルズです。

87

Sorry. May I have your name again?
すみません。もう一度お名前をお願いできますか？

88

Nice to meet you. So how are you today?
はじめまして。本日（調子）はどうですか？

89

Good. Are you ready to begin?
よかった。では始めていいですか？

90

OK. Have a seat.
はい。では座ってください。

91

OK. Let's do a level check. So please introduce yourself. Go ahead.
OK. レベルチェックをしましょう。では自己紹介をお願いします。どうぞ始めてください。

上のトレーニングのトラックは「問いかけ→ポーズ→回答例」の順となっていますが、このノックテストは「問いかけ→ポーズ」のみのトラックです。自分の回答をテンポよく答えてください。

初対面の本番 First Encounters ■ Chapter 2

Coach's Advice

最初の本番は、英会話レッスン初日のシーン。まずShort Rallyで初対面の先生に簡単なあいさつをして、次ページ「よく使う表現」で簡単な言い回しをゲット。それから「よく聞かれる質問」では、レッスンの感想や次回のスケジュールについての質問があるので、自分の状況に合わせて答えてみよう。

▼ Model Replies

Hi, Adam. I'm Kei Saito[自分の名前]. Nice to meet you.
こんにちは、アダム。斉藤ケイです。はじめまして。

Sure. I'm Kei Saito[自分の名前]. Just call me Kei[呼び名].
はい。斉藤ケイです。ケイと呼んでください。

Good, thanks. And you?
おかげさまで。ありがとうございます。先生はどうですか？

Yes. I'm looking forward to our lesson.
はい。レッスン楽しみです。
▶ I'm lookng forward to... は「どうぞよろしくお願いします」の言い換え表現にもなる。

Thanks.
ありがとっ。
▶「失礼します」の言い換え表現として。

I'm Kei Saito. I'm working for an IT company. This is my first English Conversation lesson so I'm very nervous. I hope I can understand your English and enjoy our lessons.
はい。斉藤ケイです。IT企業で働いています。1回目の英会話レッスンなので緊張していますが、先生の英語を理解して、レッスンを楽しみたいと思っています。

本番 1 英語講師とファーストレッスン

 ここではレッスンなどでよく使う定番表現を日→英でトレーニングしよう。　●Track 24

よく使う表現　　　ノック　------→　あなたのAnswer

92
（レッスンが始まる前に）
よろしくお願いします。

93
遅刻してすみません。

94
IT企業に勤めています。
▶ 下線部は自分の状況に合わせて言ってみよう。

95

以前は食品の会社に勤めていましたが、今は専業主夫です。

96
あなたとはとても話しやすかったです。

97
まだ話せる余裕がありません。
▶ 英会話レッスンの場合なので、まだ「英語で」話をする余裕がないということ。

98

今日のレッスンありがとうございました。

99
とても役に立ちました。

100
あっと言う間ですね。

 上のトレーニングのトラックは「問いかけ→ポーズ→回答例」の順となっていますが、このノックテストは「問いかけ→ポーズ」のみのトラックです。自分の回答をテンポよく答えてください。

初対面の本番 First Encounters ■ Chapter 2

 表現力になるのは、英語を見て理解して暗記して使うことではなく、母語で言いたい表現を外国語で表現してみること。英→日の理解型学習ではなく日→英がよい。ここでは日本語を英語に言い換える練習をしよう。

▼ Model Answers

I'm looking forward to our lesson today.

I'm sorry I'm late.

I'm working for an IT company.

I used to work for a food company, but now I'm a full-time father.
▶「前は〜していました」はI used to...をよく使う。このフレーズを応用して、「定年退職しました」はI used to work but now I'm retired. などと言える。専業主婦はfull-time mother。

I felt comfortable talking to you.

I don't feel comfortable speaking yet.
▶ comfortableは「快適」だけではなく、この文のようにいろいろな意味を持つことができる。

Thanks for today's lesson.
▶ Thank you. でもよいが、ちょっとした親切やお金を払ってしてもらったことに対してもThanks. でOK。決してカジュアルという印象ではなく、親切にされたことに対するお礼表現。p.175参照。

It was very useful.

Time flies.

 # 本番 1 英語講師とファーストレッスン

 ここでの質問は全部10秒以内に2文以上で答えてみて。　● Track 26

よく聞かれる質問　　ノック　━━━━▶　あなたのReply

101

Yes. そして1文を補足して

Are you ready to begin?
始めてもよいですか？

102

No. そして1文を補足して

103

How was today's lesson?
今日のレッスンはどうでしたか？

2文で答えてください

104

What day of the week is best for you?
何曜日が一番よいですか？

2文で答えてください

105

What time is best for you on that day?
その曜日の何時が一番よいですか？

2文で答えてください

106

How long have you been studying English?
英語はどれくらい（の期間）勉強していますか？

2文で答えてください

 **Knock Test**　● Track 27　上のトレーニングのトラックは「問いかけ→ポーズ→回答例」の順となっていますが、このノックテストは「問いかけ→ポーズ」のみのトラックです。自分の回答をテンポよく答えてください。

初対面の本番 First Encounters ■ Chapter 2

Coach's Advice 英語ができる人は、言いたいことをずばり1語の直訳ではなく、複数の文章で伝える能力がある。長い文章で言うより、そのほうが通じやすい。ここでもし余裕がない場合は、ひとことだけでもいいが、本書を通じてひとことにもう1文プラスできることを目指そう。

▼ Model Replies

Yes. I'm looking forward to your lesson.
はい。レッスン楽しみです。

No, not yet. I need to go to the bathroom. I'll be right back.
いえ、まだです。お手洗いに行ってきます。すぐ戻りますので。

It was good. I could understand everything and I felt comfortable talking to you.
よかったです。全部理解できましたし、先生とリラックスして話せました。
▶ 実はHow was...? / What do you think?は深い意見を聞きたいのではなく、軽く印象を聞きたいというイメージ。つまり「ひとことお願いします」くらいの軽さ。

Wednesdays. We almost never have over time on Wednesdays.
水曜日です。水曜日はほぼノー残業デーなので。

Around 7 pm. The earliest that I can start is 6:30. Would that be alright?
午後7時ごろです。早くても6時30分です。大丈夫そうですか？

Well, I studied in school. And I've been practicing English conversation for about five years.
学校で勉強しましたし、（自分でも）5年間ほど英会話を勉強しています。

101　102　103　104　105　106

本番 1 英語講師とファーストレッスン

 最後に次回のレッスンの詳細を決める Long Rally をしてみよう。　　● Track 28

Long Rally 10往復　相手の問いかけ ──────▶ あなたの Reply

107
OK. It's time to end the lesson.
はい。今日のレッスンはここまでです。

108
How was today's lesson?
今日のレッスンはどうでしたか？

109
Let's decide our schedule for next time.
次回のスケジュールを決めましょう。

110
What day of the week is best for you?
何曜日が一番よいですか？

111
What time is best for you on that day?
その曜日の何時が一番よいですか？

112
What's the second best day of the week for you?
次に都合がよいのは何曜日ですか？

113
What time is best for you on that day?
その曜日の何時が一番よいですか？

114
OK. Is it OK if I get the payment for today's lesson now?
わかりました。今日の授業料を今いただいてもよいですか？

115
OK. Thanks. Here is your receipt.
ありがとうございます。領収書です。

116
Next lesson we'll do the same amount of time at same price, OK?
次回のレッスンも同じ時間で同じ金額でやりましょう。いいですか？

 上のトレーニングのトラックは「問いかけ→ポーズ→回答例」の順となっていますが、このノックテストは「問いかけ→ポーズ」のみのトラックです。自分の回答をテンポよく答えてください。

初対面の本番 First Encounters ■ Chapter 2

▼ Model Replies

Already? Time flies.
もうですか？　あっと言う間でした。

▶ You're right. That was fast. 「そうですね。（時間が経つのは）早いですね」などもOK。

It was good. I could understand everything and I felt comfortable talking to you.
よかったです。全部理解できましたし、先生とリラックスして話せました。

OK. Let's.
はい。そうしましょう。

Wednesdays. We almost never have over time on Wednesdays.
水曜日です。水曜日はほぼノー残業デーなので。

Around 7 pm. The earliest that I can start is 6:30.
午後7時ごろです。早くても6時30分です。

I think Saturdays or Sundays when I don't have to work.
仕事がない土曜日か日曜日です。

Mornings between 10 and 12.
午前中で10時から12時の間です。

Sure. Here you are.
もちろん。はい、どうぞ。

Thanks.
ありがとうございます。

That sounds good. I look forward to it.
いいです。よろしくお願いします。

本番 2 友だちのフレンドと初対面

あなたの友だちに外国人の友だちを紹介されます。そこで簡単にごあいさつ。7往復のRallyにチャレンジしてください。

● Track 30

Short Rally 7 往復　相手の問いかけ → あなたのReply

117

Hi. I'm Chris. I'm Hiromi's friend.
こんにちは、クリスです。ヒロミの友だちです。

118

Nice to finally meet you.
はじめまして。
（直）やっとお会いできましたね。

119

I've heard a lot about you.
あなたのことはいろいろ聞いてますよ。

120

Your English is really good.
英語が上手ですね。

121

Well, it was nice meeting you.
お会いできてよかったです。

122

See you again sometime.
では、またね。

123

B'bye.
では。

Knock Test
Check! ● Track 31

上のトレーニングのトラックは「問いかけ→ポーズ→回答例」の順となっていますが、このノックテストは「問いかけ→ポーズ」のみのトラックです。自分の回答をテンポよく答えてください。

初対面の本番 First Encounters ■ Chapter 2

Coach's Advice

初対面はオウム返しを使えるやりとりがたくさんあるので、相手の言葉を聞いてうまく応対しよう。ただ、How are you?はオウム返しができないので要注意。How are you?の返事はp.20「How are you?攻撃」を参照。

▼ Model Replies

Hi, Chris. I'm Kei Saito[自分の名前].
どうも、クリス。私は斉藤ケイです。

Nice to finally meet you too.
はじめまして。

Oh, I've heard a lot about you too.
私もあなたのことはいろいろ聞いてますよ。

Thanks. But I'm still learning.
ありがとう。でもまだ勉強中なんです。
▶ ここでNo, no, no.やVery bad.と言わない方がベター。My English is still bad.「私の英語なんてまだまだですよ」などもOK。

It was nice meeting you too.
私もお会いできてよかったです。

Yeah. See you again sometime.
ええ、またね。(直) またいつか会いましょう。

B'bye.
では。
▶ 発音は[ブバイ]。「バイバイ」は子どもっぽい。

本番 2 友だちのフレンドと初対面

では初対面の会話でよく使う定番表現を日→英でトレーニングしよう。　　● Track 32

よく使う表現　　ノック　　－－－－－－－－▶　あなたの Answer

124
もともとはイギリス出身ですよね？

125
前に行ったことがありますよ。

126
行ったことがないんです。

127
いつか行ってみたいです。

128
日本のどんなところが好きですか？

129
どこでふたりは知り合ったの？

130
ふたりは知り合ってどれくらい？

131
ふたりはこの後どうするの？

132　相手がカップルのときに会話をはずませる
（カップルに対して）
お似合いのカップルですね。

Knock Test　● Track 33

上のトレーニングのトラックは「問いかけ→ポーズ→回答例」の順となっていますが、このノックテストは「問いかけ→ポーズ」のみのトラックです。自分の回答をテンポよく答えてください。

Coach's Advice いきなり年齢を聞くのは御法度だが、実はいきなりWhere are you from? も避けたほうがいい。よそから来たということを強調してしまうかもしれないので。「もともと〜出身だよね？」ならまだいい。会話の流れで出身地や国籍の話が出れば聞いてもよいが、それまでは聞かないのがおすすめ。

▼ Model Answers

You're originally from England, right?

I've been there before.
▶ 肯定文はeverをほとんど入れないので要注意。

I've never been there.

I'd like to go there someday.

What do you like about Japan?

Where did you two meet?
▶ How did you two meet?「どうやってふたりは知り合ったのですか？」もよく使う。

How long have you two known each other?

What are you two doing after this?

You make a good couple.

本番 2　友だちのフレンドと初対面

ここでの質問は全部 10 秒以内に 2 文以上で答えてみて。

● Track 34

よく聞かれる質問　ノック ────────▶ あなたの Reply

133

Where do you live now?
今どこに住んでいるのですか？

▶ 表現例：I live... / It's called... / It's about ___ minutes / It's about ___ hour from here by ___ (train / bus etc).

2文以上で答えて

What do you do?
仕事は何をしていますか？

▶ 応対表現例：I work for... / I'm working in a place called... / I help with...

134 仕事について話して

135 定年退職したときのことを答えて

136

I work for a small computer company. I help with game designs and I help with English manuals and our English web site.
私は小さなコンピューターの会社で働いています。ゲームデザインと英語のマニュアルとウェブサイトを担当しています。

感想を言ってみよう

You're originally from the Kansai area, right?
もともと関西出身でしたよね？

137 Yes.＋関西出身だと1文以上で話して

138 No.＋関西出身ではないと1文以上で話して

139

Have you ever been to California?
カリフォルニアに行ったことはありますか？

Yes. / No. ＋1文で補足して

140

Here's my card.
私の名刺をどうぞ。

「ありがとう」＋1文で感想を言って

Knock Test
● Track 35

上のトレーニングのトラックは「問いかけ→ポーズ→回答例」の順となっていますが、このノックテストは「問いかけ→ポーズ」のみのトラックです。自分の回答をテンポよく答えてください。

初対面の本番 First Encounters ■Chapter 2

Coach's Advice ひとつの問いかけに複数のパターンで返事をするよ。回答例を覚えるのではなく、自分のオリジナルを答えられるようにしよう。例えば「なんでそんなこと聞くの？」と思ったらそのまま Why do you ask?。「そんなこと聞かれたの初めて」は That's the first time anyone has asked me. で。

▼ Model Replies

I live in a city called Hama. I live near station called Kawa Station. It's about 30 minutes from here.
ハマという町に住んでいます。カワ駅に近いところに住んでいます。ここからだいたい30分くらいです。
▶ 駅や町の名前を固有名詞で伝えるのではなく、だいたいの距離と位置がわかるように説明しよう。

I work at a movie company and I help with the advertising.
映画会社で働いていて、そこで宣伝を担当しています。

I don't work anymore. I'm retired. But now I'm a full-time housewife.
もう働いていません。定年退職しました。でも今は専業主婦です。

Oh, that sounds interesting. Japanese games are really popular around the world now.
それはおもしろそうですね。今、日本のゲームは世界中で人気がありますね。

Yes. I've lived in this area all my life. But my mother and father are originally from the northern part of Japan.
はい。生まれてからずっとこの地域に住んでいます。でも母も父ももともと日本の北部の出身です。

No. Actually, I'm originally from the Kanto area. I grew up in a city called Kawasaki.
いいえ。実は関東出身なんです。川崎という町で育ちました。

Yeah. I've been to Los Angeles. I love the weather in California.
はい。ロサンゼルスに行ったことがあります。カリフォルニアの気候、大好きです。

Thanks. What a nice card!
ありがとう。素敵な名刺ですね！
▶ What a colorful card!「カラフルな名刺ですね！」などもOK。

| 133 | 134 | 135 | 136 | 137 | 138 | 139 | 140 |

本番 2 友だちのフレンドと初対面

では12往復のラリーにチャレンジしてみよう！　　Track 36

Long Rally 12 往復　相手の問いかけ → あなたのReply

141 Hi. I'm Chris. I'm Hiromi's friend.
どうも、クリスです。ヒロミの友だちです。

142 Nice to finally meet you.
はじめまして。（直）やっとお会いできましたね。

143 Would you like to sit here or here?
こことこことどちらに座りたいですか？

144 OK. I'll sit here and I'll have the view. Thanks.
オッケー。じゃあここに座わりますね。景色も楽しませてもらいます。ありがとう。

145 I've heard a lot about you.
あなたのことはいろいろと聞いてますよ。

146 You're originally from the Kansai area, right?
もともと関西出身でしたよね？

147 So, where do you live now?
それで、今はどこに住んでいるのですか？

148 Your English is good.
英語が上手ですね。

149 As you may know, I'm from California. Have you ever been to California?
知っているかもしれませんが、私はカリフォルニア出身なんです。カリフォルニアに行ったことはありますか？

150 Well, I miss California. But I really like living in Japan.
カリフォルニアが恋しいです。でも日本に住むのもとても好きです。

151 I like the foods and the trains and actually the salaries in Japan are pretty good.
食べ物と電車です。それから日本のお給料（労働条件）はわりといいんです。

152 Here's my card.
名刺をどうぞ。

Knock Test　Track 37

上のトレーニングのトラックは「問いかけ→ポーズ→回答例」の順となっていますが、このノックテストは「問いかけ→ポーズ」のみのトラックです。自分の回答をテンポよく答えてください。

初対面の本番 First Encounters ■ Chapter 2

Coach's Advice 会話しているときの返事は「回答＋補足1文」が礼儀でもある。例えばNo.146の返事にYes./No.のひとことだけだと冷たい印象を与えるか、これ以上会話をしたくないという印象を与えかねない。

▼ Model Replies

Hi, Chris. I'm Kei Saito[自分の名前].
どうも、クリス。私は斉藤ケイです。

Nice to finally meet you too.
はじめまして。

Either is fine with me.
どちらでもかまいません。

Sure. You have the view this time. Hahahaha...
どうぞ。今回は景色のよい席をどうぞ（笑）。

I've heard a lot about you too.
私もあなたのことはいろいろと聞いてますよ。

Well, I lived in Kansai for two years. But I'm originally from the northern part of Japan.
えーと、関西には2年ほど住んでいました。でももともとは日本の北部の出身です。

I live near train station called Senbondani.
千本谷という駅の近くに住んでいます。

Thanks. But I'm still learning.
ありがとう。でもまだ勉強中です。

Yeah. I've been to Los Angeles. I love the weather in California.
はい。ロサンゼルスに行ったことがあります。カリフォルニアの気候、大好きです。

Really? I wish I could live in California. What do you like about Japan?
本当に？　私はカリフォルニアに住んでみたいな。日本のどんなところが好きなんですか？

By the way, what do you do?
ところで、あなたの仕事はなんですか？

Oh. Thanks. What a colorful business card! Here's my card.
ありがとう。カラフルな名刺ですね！　私の名刺もどうぞ。

本番 3 来客の先生を駅でピックアップ

今日は大切なイベントの当日。あなたはイベントの主賓であるSmith先生を駅までお迎えに行ってください。

● Track 38

Short Rally 6 往復 （相手の問いかけ → あなたのReply）

153

Ah... hello.
こんにちは。
▶ のばす感じにすると「あの〜」や「もしかして……」のニュアンスが出る。

154

Yes. Are you here to pick me up?
はい。お迎えに来てくださったのですか？

155

Well, thanks for coming all the way to the station.
わざわざ駅まで来てくださってありがとう。

156

So shall we go?
では行きましょうか？

157

By the way, I'm Terry Smith.
申し遅れましたが、私はテリー・スミスと申します。

158

It's nice to meet you, Kei.
よろしくお願いします。

Knock Test ● Track 39

上のトレーニングのトラックは「問いかけ→ポーズ→回答例」の順となっていますが、このノックテストは「問いかけ→ポーズ」のみのトラックです。自分の回答をテンポよく答えてください。

初対面の本番 First Encounters ■ Chapter 2

▼ Model Replies

You must be Mr. Smith.
スミス先生でいらっしゃいますよね?

Yes. That's right.
はい。そうです。

Sure. No problem. It's my job.
はい。大丈夫ですよ。仕事ですから。

Yeah. Follow me.
はい。ついてきてください。

I'm Kel Saito. Just call me Kei.
私は斉藤ケイです。ケイと呼んでください。

It's nice to meet you too, Mr. Smith.
こちらこそよろしくお願いします、スミス先生。

本番 3 来客の先生を駅でピックアップ

待ち合わせ場所で待っていても先生が現れません。そこに先生から電話がかかってきます。

● Track 40

Short Rally 7 往復

相手の問いかけ → あなたのReply

159

[リンリン]（電話に出てください）

160

This is Terry Smith.
もしもし、テリー・スミスです。

161

You're meeting me at the train station, right?
駅でお会いする約束でしたよね？
▶ アメリカの場合stationのみだとガソリンスタンドだと思われてしまうので、「駅」を指す場合はtrain station / bus stationのようにしたほうがわかりやすい場合が多い。

162

I'm running late. Sorry about that.
少し遅れているんです。すみません。

163

I'll be there in 10 or 15 minutes.
あと10分か15分で着きます。

164

OK. I'm SO sorry about that.
はい。本当にすみません。

165

OK. B'bye.
はい。それでは。

Knock Test
● Track 41

上のトレーニングのトラックは「問いかけ→ポーズ→回答例」の順となっていますが、このノックテストは「問いかけ→ポーズ」のみのトラックです。自分の回答をテンポよく答えてください。

Coach's Advice

電話でも難しい言葉はいりません。必要なことをコンパクトに時間内に伝えることができるかどうかが大切。つまってしまうほうがなおNG。相手にとってつながっているのか切れているのかわからない無音の時間ができないようにしましょう。

▼ Model Replies

Hello?
もしもし。

Oh. Hello. This is Kei Saito.
どうも、こんにちは。斉藤ケイです。
▶ 電話に出るときはI'm... ではなく、「この声は〜です」の意味でThis is... を使う。

Yes. I'm here now.
はい。今（駅に）います。

That's OK. What time will you get here?
大丈夫です。何時にこちらに着きますか？

OK. I'll be here at the ticket gate when you arrive.
了解です。改札でお待ちしています。
▶ もし待っている場所がオフィスであれば、I'll be at my desk. やI'm looking forward to seeing you. もよい。I'm waiting. は催促になるのであまり使わないほうがよい。

That's OK. It's no problem.
わかりました。大丈夫です。

B'bye.
では。

本番 3 来客の先生を駅でピックアップ

人をお迎えに行く際によく使う表現を日→英でトレーニングしよう。　●Track 42

よく使う表現　　ノック　------→　あなたのAnswer

166
スミス先生でいらっしゃいますよね。

167
お迎えに参りました。

168
わざわざここまでお越しくださりありがとうございます。

169
申し遅れましたが斉藤ケイです。
▶ 下線のところに自分の名前を入れて。

170
改札はどこかわかりますか？

171
改札で（あなたを）お待ちしています。

172
あのお荷物をお持ちします。

173
ここ、足元お気をつけください。

Knock Test　●Track 43
上のトレーニングのトラックは「問いかけ→ポーズ→回答例」の順となっていますが、このノックテストは「問いかけ→ポーズ」のみのトラックです。自分の回答をテンポよく答えてください。

初対面の本番 First Encounters ■ Chapter 2

Coach's Advice 国際コミュニケーションの経験を重ねれば重ねるほど、直訳ではなく意訳や言い換え表現の大切さを感じるはず。例えば、母語の感覚では「申し遅れましたが…」や「わざわざ〜ありがとう」と言いたくなるはず。英語にないとあきらめず下記のような自然な英語とリンクさせておきましょう。

▼ Model Answers

You must be Mr. Smith.

I'm here to pick you up.

Thank you for coming all the way here.
▶「来てくださりありがとう」はThanks for coming.。「わざわざ」のニュアンスを出したい場合はall the wayを足すだけ。

By the way, I'm Kei Saito.

Do you know where the ticket gate is?

I'll be at the ticket gate.
▶ ここもwaitingを使うと相手を催促する印象になるので、waitを使うのは避けましょう。

I'll carry that bag for you.

Watch your step here.
▶「お気をつけください」はWatch your... / Be careful of... を使うように。Take care... ではないので要注意。

本番 3 来客の先生を駅でピックアップ

下の4つのノックには2パターンの答え方でチャレンジしてみて。 ● Track 44

よく聞かれる質問 → ノック → あなたのReply

I hope it doesn't rain tomorrow. Do you know the forecast for tomorrow?
明日は雨が降らないといいのですが。
明日の天気予報をご存知ですか？

- 174 天気予報はわからないと返事して
- 175 天気予報について説明して

📞 **Where are you now?**
今どちらですか？

- 176 駅にいると答えて
- 177 向かっている途中だと答えて

Is it far from here?
（目的地は）ここから遠いですか？

- 178 遠い場合 Yes. + 1文以上
- 179 近い場合 No. + 1文以上

Why are you the one to pick me up?
なぜあなたが私を迎えにくることになったのですか？

▶このような質問は、きちんとした説明を求めているのではなく「ちょっとチャットしましょうよ」のサインのようなもの。もちろんまじめに答えても問題はない。

- 180 迎えに来た理由を答えて
- 181 前向きにノリよく返して

Knock Test ● Track 45
上のトレーニングのトラックは「問いかけ→ポーズ→回答例」の順となっていますが、このノックテストは「問いかけ→ポーズ」のみのトラックです。自分の回答をテンポよく答えてください。

初対面の本番 First Encounters ■ Chapter 2

Coach's Advice このトレーニングは回答例を答えるための練習ではありません。回答例のパターンをヒントにして、実際に自分のいる状況を想像してから答えてみよう。Create your own original replies.

▼ Model Replies

I'm not sure. But I'll check. Just a moment.
わかりません。でも調べるのでちょっとお待ちください。

Unfortunately, it's gonna rain tomorrow.
残念ながら、明日は雨が降るそうですよ。

I'm at the train station now. It's called Senyama Station.
今駅にいます。千山駅というところです。

I'm on my way. I'll be there in five minutes.
向かっている途中です。あと5分で着きます。

Yes. It's about a 15 minute walk. So we'll take a taxi. Follow me.
はい。徒歩15分くらいかかるので、タクシーに乗ります。こちらです。

No. It's a three minute walk from here.
いいえ。ここから徒歩3分です。

It's difficult to explain. One of my co-workers asked me to do it. And he is the coordinator of this project.
説明するのは難しいですね。ある同僚に頼まれたんです。彼はこのプロジェクトのコーディネーターなんですよ。

Maybe because my English is the worst in our group. Everyone wants me to practice. I guess I'm lucky.
きっと私の英語がグループの中でいちばんひどいからでしょうね。みんな私に練習してほしいんです。つまり、私は運がいいのでしょう。

| 174 | 175 | 176 | 177 | 178 | 179 | 180 | 181 |

本番 3　来客の先生を駅でピックアップ

では、ここで先生と待ち合わせてから目的地に向かうまでのLong Rallyにチャレンジしてみよう。

● Track 46

Long Rally 11 往復　相手の問いかけ　→　あなたのReply

182
（改札にスミス先生らしき人がいます。声をかけて）

183
No. You must be looking for someone else.
ちがいます。あなたが探しているのは別の人でしょう。

184
（もうひとりスミス先生らしき人がいます。声をかけて）

185
Yes. You are here to pick me up for the event, right?
はい。イベントのために迎えに来てくれたのですね。

186
Well, thanks for coming all the way to the station.
わざわざ駅まで来てくれてありがとうございます。

187
So, may I have your name?
それで、お名前を教えていただけますか？

188
Well, it's nice to meet you.
どうも、はじめまして。

189
So, shall we go?
では、行きましょうか？

190
Is it far from here?
（目的地は）ここから遠いですか？

191
I hope it doesn't rain today.
今日は雨が降らないといいのですが。

192
Do you know the forecast for today?
今日の天気予報をご存知ですか？

Knock Test　● Track 47

上のトレーニングのトラックは「問いかけ→ポーズ→回答例」の順となっていますが、このノックテストは「問いかけ→ポーズ」のみのトラックです。自分の回答をテンポよく答えてください。

初対面の本番 First Encounters ■ Chapter 2

Coach's Advice 来日中の先生にNo.190やNo.192のように聞かれて、きちんと距離や天気を伝えないといけないと堅苦しく考えないでね。おおまかに伝えて、文末にI think.をつければ大丈夫。

▼ Model Replies

Hello. You must be Mr. Smith.
あの、スミス先生でいらっしゃいますよね。

Oh. Sorry about that.
あ、すみません。

Hello. Are you Mr. Smith?
すみません。スミス先生でしょうか？

Yes. That's right. It's nice to meet you.
はい。そうです。はじめまして。

My pleasure. Thank YOU for coming all the way to Japan.
どういたしまして。はるばる日本まで来てくださってありがとうございます。

Sure. I'm Kei Saito. Just call me Kei.
はい。斉藤ケイと言います。ケイと呼んでください。

It's nice to meet you too.
はじめまして。

Yes. Please follow me.
はい。こちらです。
（直）私についてきてください。

No. It's a three minute walk from here.
いいえ。ここから徒歩3分です。

Me too. It's been raining all week.
私もそう思います。今週はずっと雨ですね。

I'm not sure. But I'll check. Just a moment.
わかりません。でも調べるのでちょっとお待ちください。

突撃本番 4 電車で突然話しかけられる

電車案内の定番表現を日→英で練習してから次のページのLong Rallyにチャレンジしてみて。

● Track 48

よく使う表現

ノック → あなたのAnswer

193
ここから5駅です。

194
次の駅で降りますよ。

195
この電車はその駅にはとまりません。

196
だから乗り換えないといけません。

197
国際公園駅という駅で乗り換えです。

ビルドアップでチャレンジ

198
次の次の駅です。

199
この次の駅ではありません。次の次の駅です。

200
この次の駅ではありません。次の次の駅です。
わかりますか？

Knock Test ● Track 49
上のトレーニングのトラックは「問いかけ→ポーズ→回答例」の順となっていますが、このノックテストは「問いかけ→ポーズ」のみのトラックです。自分の回答をテンポよく答えてください。

初対面の本番 First Encounters ■Chapter 2

▼ Model Answers

It's five stops from here.

You'll get off at the next station.
▶「乗る」はget onで言うことが多いが、「降りる」はget downではないので注意。

This train doesn't stop at that station.

So you need to transfer.
▶ changeでも通じるが、「乗り換え」に最もふさわしく、混乱を招かない動詞はtransfer。

You transfer at the station called Kokusai Koen.

It's the station after the next station.
▶「次の次」はnext nextでも通じるが、the ~ after the next ~のほうがよい。

It's not the next station. It's the station after the next station.
▶ このように否定文で補足したり、言い換えをうまく表現するのがコミュニケーションの裏ワザ。「次の次の次」のようにふたつ以上の場合は"It's three (four, ten, etc...) stops from here."のように数を使う。

It's not the next station. It's the station after the next station. Do you understand?

突撃本番 4 電車で突然話しかけられる

あなたがいつも乗っている路線の電車に乗っていると想像してください。迷っている外国人に声をかけられます。

● Track 50

Long Rally 9 往復

相手の問いかけ ────▶ あなたのReply

201
Excuse me.
すみません。

202
Do you speak English?
英語を話せますか？

203
What's the name of this train line?
この路線は何線でしょうか？

自分のいつも乗っている線路を答えてね

204
Is this an express train or a local train?
これは急行電車ですか、それとも各駅電車ですか？

205
What's the name of the last stop on this train line?
この路線の終点は何という駅でしょうか？

206
Yeah. I need to go to the station BEFORE that station. Does this train stop there?
なるほど。その駅のひとつ手前の駅に行きたいのです。この電車はそこにとまりますか？

207
Oh. Sorry. Would you say that one more time?
すみません。もう一度言っていただけますか？

208
I understand now. Thanks for your help.
わかりました。教えてくださって、ありがとうございました。

209
B'bye.
では。

Knock Test
Check! ● Track 51

上のトレーニングのトラックは「問いかけ→ポーズ→回答例」の順となっていますが、このノックテストは「問いかけ→ポーズ」のみのトラックです。自分の回答をテンポよく答えてください。

初対面の本番 First Encounters ■Chapter 2

Coach's Advice 日本語で「英語できますか？」と聞くのは失礼ではないが、多くの国々の人たちとコミュニケーションをするときには、Can you...？ではなく、Do you speak English?が礼儀。ちなみにp.123で紹介するが、食べられないものを聞くときもCan you eat...？よりDo you eat...？が無難。

▼ Model Replies

Yes?
何でしょう？

Just a little.
少しですが。

This is called the Yamakawa Line.
これはヤマカワ線です。

It's an express train.
急行電車です。

It's called Hama Bay Station.
ハマベイ駅というところです。

No. This train doesn't stop at that station. So you need to transfer.
いいえ。この電車はその駅にはとまりません。だから乗り換えないといけません。

▶「ここから○○駅」It's ○○ stops from here. (p.55参照)のように、駅の数を教えてあげてもよい。

Sure. This train doesn't stop at that station. So you need to transfer. You'll transfer at the next station.
はい。この電車はその駅にはとまらないので、乗り換える必要があります。次の駅で乗り換えです。

Sure. My pleasure.
いえ。どういたしまして。

B'bye.
では。

突撃本番 5 街で突然道を聞かれる

あなたの自宅の前に、道に迷っている僕がいます。ちょっと急いでいるので It's that way. をうまく使ってラリーしてみて。 ● Track 52

Short Rally 6 往復 相手の問いかけ → あなたのReply

210
Excuse me.
すみません。

211
Which way is the nearest train station?
すみません。最寄りの駅に行くのはどちらですか?

自分の家の前にいると思って答えてね

212
OK. This way. Can I ask you one more thing?
わかりました。こちらですね。もうひとつお聞きしていいですか?

213
OK. Thanks. Which way is the nearest convenience store?
ありがとうございます。最寄りのコンビニはどちらでしょうか?

214
About how many minutes is it from here?
ここから何分くらいかかりますか?

215
OK. Thanks. B'bye.
わかりました。ありがとうございます。では。

Knock Test Check! ● Track 53

上のトレーニングのトラックは「問いかけ→ポーズ→回答例」の順となっていますが、このノックテストは「問いかけ→ポーズ」のみのトラックです。自分の回答をテンポよく答えてください。

初対面の本番 First Encounters ■ Chapter 2

▼ Model Replies

Yes?
何でしょう?

It's that way.
あちらです。
▶ 余裕があったらもう1文の補足を言ってみよう。例えばIt's on your right.「右手にあります」など。ステップ・バイ・ステップで。

Sure. Go ahead.
もちろん。どうぞ。

It's that way too.
それもあちらですよ。

It's about 10 minutes from here.
ここからだと10分くらいです。

B'bye.
では。
▶ Hi.と同様に落ち着いたトーンで言う。B'bye.は初対面の人にもカジュアルすぎることはない。発音は [ブバイ]。

突撃本番 5 街で突然道を聞かれる

道案内の定番表現を日→英で練習しよう。　● Track 54

よく使う表現　　ノック　‒‒‒‒‒‒‒▶　あなたのAnswer

216

よくわかりません。すみません。

217

駅の反対側にあります。

218

道なりに行ってください。

219

つきあたりです。
▶ ヒント：「道のつきあたりまで行ってください」ということ。

220

右手にあります。

221

案内します。ついてきてください。

222 あなたが質問するときは……

ここから歩いてどれくらいですか？

223

何か目印になるものはありますか？

Knock Test
● Track 55

上のトレーニングのトラックは「問いかけ→ポーズ→回答例」の順となっていますが、このノックテストは「問いかけ→ポーズ」のみのトラックです。自分の回答をテンポよく答えてください。

初対面の本番 First Encounters ■Chapter 2

Coach's Advice 突然の道案内のようなシーンでは、短いセンテンスを駆使しよう。あなたも緊張しているだろうし、相手がどの程度理解できているかを確認するのも難しい。長い文を言うよりも短い文で返したり補足をしてください。

▼ Model Answers

I'm not sure. I'm sorry about that.

It's on the other side of the train station.

Just follow this road.

You go to the end of the road.

It's on your right.

I'll show you. Follow me.

How many minutes is it from here on foot?

Are there any landmarks?

突撃本番 5 街で突然道を聞かれる

あなたの家の前で僕に道を聞かれていると想像して。下のノックは10秒以内に2文以上で答えてみよう。 ● Track 56

よく聞かれる質問　ノック　-------→　あなたのReply

224

Which way is the nearest train station?
最寄りの駅はどちらですか？

It's that way. +1 文以上で

225

Where is the nearest convenience store?
最寄りのコンビニはどちらですか？

It's that way. +1 文で

226

Where can I find the post office?
郵便局はどちらでしょうか？

It's that way. +1 文以上で

227

I'm looking for a bank.
銀行を探しているのですが。

It's that way. +1 文以上で

228

I need to exchange dollars for Japanese yen. Can I exchange money at that bank?
ドルを日本円に両替したいのです。その銀行で両替できますか？

229

Are there any landmarks near the bank?
その銀行の近くには何か目印はありますか？

Knock Test　● Track 57

上のトレーニングのトラックは「問いかけ→ポーズ→回答例」の順となっていますが、このノックテストは「問いかけ→ポーズ」のみのトラックです。自分の回答をテンポよく答えてください。

▼ Model Replies

It's that way. It's on your right.
あちらです。右手にあります。

It's that way. You go to the end of the street and turn right.
あちらです。道のつきあたりまで行って、右手に曲がってください。

It's that way. You go straight and the road curves to the left. It's on your left.
あちらです。まっすぐ行くと道が左にカーブします。その左手です。

It's that way. It's about 10 minutes from here. It's on the other side of the train station.
あちらです。ここから10分くらいです。駅の反対側ですよ。

I'm not sure. Sorry about that.
わかりません。すみません。
▶ 確信の度合いによってはI think so. / I don't think so. も使える。

You'll see a big bus stop. The bank is next to the bus stop.
大きなバス停があります。銀行はバス停の隣です。
▶ 「バスロータリー」はそのまま英語にしても通じないので、big bus stop などと言うほうがよい。

突撃本番 5 街で突然道を聞かれる

では、12往復のラリーで僕に道順を教えて。 　　Track 58

Long Rally 12 往復
相手の問いかけ　→　あなたのReply

230 Excuse me.
すみません。

231 Which way is the nearest train station?
最寄りの駅はどちらですか？

232 I'm looking for a bank. Is there a bank near the station?
銀行を探しています。駅の近くに銀行はあるでしょうか？

233 Sorry? What's the name of the train station, again?
すみません。駅の名前をもう一度お願いします。

234 Can we exchange Euros for Japanese money at that bank?
その銀行でユーロを日本円に両替できるでしょうか？

235 And how many minutes is it on foot from here?
ここから歩いて何分くらいかかりますか？

236 Do you know the name of that bank?
銀行の名前はわかりますか？

237 What color is the building or the sign?
建物やサインは何色でしょうか？

238 Are there any landmarks near the bank?
銀行の近くに目印はありますか？

239 OK. Thank you so much.
わかりました。ありがとうございます。

240 As we say in Spanish, Muchos gracias.
スペイン語ではムーチョグラシアスと言うんですよ。

241 Yes. I'm visiting Japan from Barcelona, Spain.
ええ。スペインのバルセロナから日本に来ています。

Knock Test　Check!　Track 59

上のトレーニングのトラックは「問いかけ→ポーズ→回答例」の順となっていますが、このノックテストは「問いかけ→ポーズ」のみのトラックです。自分の回答をテンポよく答えてください。

初対面の本番 First Encounters ■ Chapter 2

Coach's Advice

英語で道案内をすることに慣れている人なら、教科書にあるようなひとつずつの順序を簡潔にステップ・バイ・ステップで伝えられるかもしれませんが、多くの人は一気に伝えようとしてつまってしまうので、やっぱり It's that way. からスタートしてコミュニケーションをとりながら案内しよう。

▼ Model Replies

Yes?
何でしょう？

It's that way.
あちらです。

Yeah. It's that way. It's on the other side of the train station.
ええ。あちらです。駅の反対側にありますよ。

It's called Yamakawa Station.
ヤマカワ駅と言います。

I'm not sure. Sorry about that.
わかりません。すみません。

About ten minutes.
10分くらいです。

Yeah. It's called Yamakawa Bank.
ええ。ヤマカワ銀行です。

There's a big blue and white sign in the front of the bank. But the writing is in Japanese.
大きな青と白の看板が銀行の正面にあります。でも文字は日本語です。

It's next to a fast-food restaurant called Green Burger. It has a big green sign.
グリーンバーガーというファストフード店の隣にあります。そこには大きな緑の看板があります。

Sure. My pleasure.
いいえ。どういたしまして。

Oh, you're Spanish.
スペイン人なのですね。

Well, welcome to Japan. And have a nice stay.
ようこそ日本へ。滞在を楽しんでください。

Speed Challenge 1

発音ノック ▶▶▶▶ 2ビート

> ようこそ Speed Challenge へ。ここは気分転換のつもりでノックにテンポよく答えてみて。最初は2ビートの発音ノックから。2ビートというのは音節が2拍というようなこと。ではさっそくチャレンジ。

● Track 60

ノック	回答例
242 サンドイッチ	**Sandwich.**
243 スターバックス	**Starbucks.**
244 ピープル	**People.**
245 ラストナイト	**Last night.**
246 オールライト	**Alright.**
247 テイクケア	**Take care.**
248 グッドナイト	**Good night.**
249 ニューヨーク	**New York.**
250 ベースボール	**Baseball.**
251 グッドラック	**Good luck.**

➡ 最後に……シャッフルノック（少しテンポも早くなるよ）

✓ **Knock Test** Check!
● Track 61

242	243	244	245	246	247	248	249	250	251

Speed Challenge 2

発音ノック ▶▶▶ 3ビート

> では、続けて3ビートの発音ノック。最後のシャッフルまで頑張って。

● Track 62

ノック	Answer
252 お元気ですか？	**How are you?**
253 後ほど。	**See you soon.**
254 おはようございます。	**Good morning.**
255 ブラックでいいです。	**Black is fine.**
256 はい、どうぞ。	**Here you are.**
257 あれは私のではありません。	**That's not mine.**
258 私のカバンは茶色です。	**My bag's brown.**
259 これは私のですか？	**Is this mine?**
260 私の部屋はどこですか？	**Where's my room?**
261 問題ありませんよ。	**No problem.**

➡ 最後に……シャッフルノック（少しテンポも早くなるよ）

✓ Check! **Knock Test** 252　253　254　255　256　257　258　259　260　261
● Track 63

Speed Challenge 3

テンポトレーニング ▶▶▶▶ サンドイッチの注文

> このノックはテンポよく答えることが大切。次の問いに答えてお好みのサンドイッチをオーダーしよう。余裕がなければ Yes. / No. で。余裕があれば自分なりの短い答えかたで。

ノック / **回答例** ● Track 64

262 Ham?
ハムですか？
※ Yes. / No. / No, thanks.

263 Chicken?
チキンですか？
※ Yes. / No. / No, thanks.

264 Barbecue sauce?
バーベキューソースは入れますか？
※ Yes. / No. / Just a little. / No, thanks.

265 Extra cheese?
チーズは追加しますか？
※ Yes. / No. / Just a little. / No, thanks.

266 Lettuce?
レタスは入れますか？
※ Yes. / No. / Just a little. / No, thanks.

267 Onions?
玉ねぎは入れますか？
※ Yes. / No. / Just a little. / No, thanks.

268 Tomatoes?
トマトは入れますか？
※ Yes. / No. / Just a little. / No, thanks.

269 Olives?
オリーブは入れますか？
※ Yes. / No. / Just a little. / No, thanks.

270 Pickles?
ピクルスは入れますか？
※ Yes. / No. / Just a little. / No, thanks.

271 For here or to go?
ここで召し上がりますか、テイクアウトですか？
※ For here. / To go.

➡ 最後に……シャッフルノック（少しテンポも早くなるよ）

✓ Knock Test ● Track 65

262	263	264	265	266	267	268	269	270	271

Knocks 272 - 545

Chapter 3

一緒に時間を過ごす本番
Deeper Encounters

基礎準備	あいさつとお礼の定番表現	(→ p.70)
本番6	ゲストを招く ── 自宅編	(→ p.74)
本番7	ゲストとして訪問する ── 友だちの家編	(→ p.82)
本番8	ゲストを出迎える ── ビジネス編	(→ p.92)
本番9	ゲストとして訪問する ── ビジネス編	(→ p.102)
本番10	街を観光案内 ── 日本的なものを説明する	(→ p.112)
本番11	親密なおつき合い ── デート	(→ p.120)
Speed Challenge		(→ p.128)

Chapter 3 基礎準備

あいさつとお礼の定番表現

Unit 1 2回目以降に会うときの定番あいさつ 日→英
Nice to see you again.

Coach's Advice 再会のあいさつは出会いがしらも別れるときも Nice to see you. をうまく使おう。文末に again をつけることもポイント。

● Track 66

ノック / しおり / Reply

272 2回目以降に会ったときの定番あいさつは？
（直）また会えてうれしいです。
→ Nice to see you again.

273 ノック No. 272 の丁寧版は？
→ It's nice to see you again.

274 別れ際には……
別れ際の定番あいさつは？
（直）また会えてよかったです。
→ Nice seeing you again.
▶ p.22 で学習したように初対面のときは Nice meeting you. で、2回目以降はこちらを使う。別れ際は ing がポイント。

275 ノック No. 274 の丁寧版は？
→ It was nice seeing you again.

276 **Quick Rally** 学習した表現を使ってみよう。
Hi. ➡ Hi. ➡ Nice to see you again. ➡ Nice to see you again too.
How have you been? ➡ Good.+1文+How about you? ➡ Good, thanks.

✓ **Knock Test** ● Track 67   272 | 273 | 274 | 275 | 276
Check!
ノックテストは「問いかけ→ポーズ」のみのトラックです。自分の回答をテンポよく答えてください。

Unit 2: Long time no see. 以外の「久しぶり」をマスター

Coach's Advice 久しぶりのあいさつでは現在完了形が欠かせない。ここで助動詞haveとbeenの使い方をマスターしよう。

Track 68

#	ノック	Reply
277	ご無沙汰しております。（しばらくぶりですね）	It's been a while. ▶久しぶりの期間がとても長い場合はIt's been a long time.「お久しぶりです」で。
278	2週間ぶりですね。	It's been two weeks.
279	2年ぶりですね。	It's been two years.
280	どれくらいぶりだろう？	How long has it been?
281	お元気でしたか？	How have you been?
282	お久しぶり、ですよね。	It's been a while, hasn't it?
283	最後にお会いしたのは去年ですよね。	The last time we met was last year, right?
284	最後に会ったのはいつでしたっけ？	When was the last time we met?

Knock Test Track 69 — 277 | 278 | 279 | 280 | 281 | 282 | 283 | 284

Unit 3 人を紹介する 日→英

Coach's Advice 前半では人を紹介するときはThis is...の単数形と複数形、そして、名前を入れて紹介する方法を覚えよう。後半では紹介した人同士をつなげるフレーズをマスターしよう。

Track 70

ノック / しおり / Answer

285
母です。そして父です。
→ This is my mom and this is my dad.

286
息子のケンです。
→ This is my son Ken.

287
（複数形で）
娘のナオミとエリカです。
→ These are my daughters, Naomi and Erica.
▶紹介の基本順番はまず肩書き、そして名前だが、逆に言っても大きな間違いではない。

288
同僚の佐藤と加藤です。
→ These are my co-workers, Mr. Sato and Mr. Kato.
▶同じ会社の身内でもMr. / Ms.は必要。

289
ふたりはお会いしたことあります？
→ Have you met?
▶フォーマルな言い方だとHave you been introduced?「（ふたりは）紹介されましたか？」。このときのyouは複数形。

290
まだお会いしたことはないと思うんですけど。
→ I don't think we've met yet.
▶これに続いてBy the way, I'm Kei Sato.「申し遅れましたが、斉藤ケイです」などと言えるとよい。

291
あなたのことはよく聞いてます。
→ I've heard a lot about you.

292
（紹介したふたりに向かって）
ふたりは話が合うと思いますよ。
（直）ふたりには共通点がたくさんあります。
→ You two have a lot in common.

Knock Test 285 | 286 | 287 | 288 | 289 | 290 | 291 | 292
Track 71

一緒に時間を過ごす本番 Deeper Encounters ■Chapter 3

Unit 4 Thank you. と言われた時に返すフレーズセット 日→英

Coach's Advice ものをいただいたり、なにかをしてもらったときにThank you. と言われたらYou're welcome. ばかりだと恩着せがましいときもあるので、このユニットのなかのフレーズを使ってうまく応対できるようになろう。

● Track 72

お礼を言われて……　　ノック　　しおり　　Answer

293 (Thank you. と言われて)
いいえ、こちらこそ。 → **No. Thank YOU.**

294 (してくれたことに対して)
いえいえ。 → **Sure.**

295 よろこんで。 → **My pleasure.**

296 (わざわざ)
そんなのいいですよ。 → **Don't mention it.**

297 大丈夫。 → **No problem.**
▶ Anytime.「いつでもどうぞ」などもお礼を言われたときの返事として使う。

298 **Quick Rally**

Hi. → (Hi.) → Is this your family? → (This is... を使って自分なりに答えて) →
Thanks for coming today! → (Thanks for inviting us.)

299 今日はいろいろありがとうございます。 → **Thank you for everything today.**

300 わざわざここまで来てくれてありがとうございます。 → **Thank you for coming all the way here.**

✓ **Knock Test** 293　294　295　296　297　298　299　300
● Track 73

本番 6 ゲストを招く——自宅編

友人のベンジャミンがあなたの自宅に遊びに来ました。玄関で出迎えましょう。　● Track 74

Short Rally 6 往復　相手の問いかけ ········▶ あなたの Reply

301

Hello? Is anyone home?
こんにちは。どなたかいらっしゃいますか？

302

Yes. Hi, there.
そうです。こんにちは。

303

Thanks. What a nice home you have!
ありがとう。素敵な家ですね。

304

Well, thank you for inviting me today.
今日はお招きありがとう。

305

Where should I put my shoes?
靴はどこに置いたらいいですか？

306

How about my coat?
コートは？

Knock Test ● Track 75

上のトレーニングのトラックは「問いかけ→ポーズ→回答例」の順となっていますが、このノックテストは「問いかけ→ポーズ」のみのトラックです。自分の回答をテンポよく答えてください。

一緒に時間を過ごす本番 Deeper Encounters ■ Chapter 3

▼ Model Replies

Benjamin[ゲストの名前], is that you?
ベンジャミン？　あなたですか？
▶相手を知っている場合はIs that you?。相手を知らない場合はWho is it? がよい。

Hi, there. Please, come in.
こんにちは。どうぞお入りください。
▶ このHi, there.は「あ、どうも」のようなニュアンスだが、日本語ほどくだけた印象ではない。

Oh, thanks. I'm glad you like it.
ありがとう。気に入ってくれてうれしいです。

My pleasure.
どういたしまして。
（直）よろこんで。

Right there is fine.
そこでいいですよ。
▶ You can put them here.「ここに置いておいて平気です」などもOK。正解はひとつではない。

I'll take it for you.
お預かりします。

本番 6 ゲストを招く――自宅編

ゲストを自宅に招いた際の気配り表現を日→英でトレーニングしよう。

Track 76

よく使う表現　ノック　→　あなたのAnswer

307
どうぞ、お入りください。

308
コートをお預かりします。

309
何をお飲みになりますか？

310
紅茶かコーヒーがあります。

311
ちょっと待ってね。

312
見つけるのは難しくなかったですか？

313
（何かをほめられたり、気に入ってもらえたときに）
気に入ってもらえてうれしいです。

314
気に入ってもらえるとよいのですが。

Knock Test　Track 77
上のトレーニングのトラックは「問いかけ→ポーズ→回答例」の順となっていますが、このノックテストは「問いかけ→ポーズ」のみのトラックです。自分の回答をテンポよく答えてください。

一緒に時間を過ごす本番 Deeper Encounters ■ Chapter 3

Coach's Advice 飲み物を聞く定番表現は What would you like to drink? だが、その後に Well, what do you have? と聞かれたり、あるいはこちらで用意していないものを言われることもたまにあるので、最初から No.310 のように We have tea and coffee? などと聞くとスムーズかも。

▼ Model Answers

Please, come in.

I'll take your coat.

What would you like to drink?

We have tea or coffee.

Just a sec.
▶ sec は second の略。moment や minute を使うより丁寧だが、待つ時間が長い印象が感じられるかも。

Was it difficult to find?

I'm glad you like it.

I hope you like it.

| 307 | 308 | 309 | 310 | 311 | 312 | 313 | 314 |

本番 6 ゲストを招く――自宅編

あなたの自宅を思い浮かべて、フレンドが自宅に遊びに来たときの応対をトレーニングしよう。 ● Track 78

よく聞かれる質問　ノック　──▶　あなたのReply

315
What a nice home you have!
素敵な家ですね。
→ ありがとう＋1文で素直に家をほめる

316
→ ありがとう＋謙遜の1文で

317
I like this table. Was it made in Japan?
このテーブルいいですね。日本製ですか？
→ Yes. / No. ＋1文で補足して

318
Tell me about the view from this window.
この窓からの景色について教えてください。
→ 2文以上で

319
How do you like this neighborhood?
ご近所はどんな感じですか？
→ 2文以上で

320
How long have you lived here?
ここに住んでどれくらいですか？
→ 2文以上で

Knock Test ● Track 79

上のトレーニングのトラックは「問いかけ→ポーズ→回答例」の順となっていますが、このノックテストは「問いかけ→ポーズ」のみのトラックです。自分の回答をテンポよく答えてください。

一緒に時間を過ごす本番 Deeper Encounters ■ Chapter **3**

Coach's Advice

ゲストによく聞かれる質問を考えるのは難しかったです。どんなにリサーチしても、訪問者ごとに違う質問をするので。ということで、ここにはよくあるものを選びましたが、「絶対聞かれる」質問の準備ではないので、思いがけない質問にも2文以上で何らかの回答ができるようにしてください。

▼ Model Replies

Thanks. My husband and I love this house. And I'm glad you like it.
ありがとう。主人も私もこの家が大好きなんです。あなたにも気に入ってもらえてうれしいです。

Thanks. It's pretty old though.
ありがとう。結構古いんだけどね。

▶ 他の回答例：It's pretty messy though.「結構ごちゃごちゃしてるんだけどね」／ It's pretty small though.「結構狭いんだけどね」

Yeah. I think so. I got it at a Japanese furniture store. But it might be made in China.
はい。そうだと思います。日本の家具屋で買いましたから。でももしかすると中国製かもしれません。

▶ 他の回答例：Actually, it's Italian. My wife got it last year.「実はイタリア製なんです。妻が去年入手しました」

It's not that special. But in the winter you can see Mount Fuji. If it's a clear day.
そんなにすごいものじゃないですよ。でも冬は富士山が見えます。空が晴れていれば。

▶ 見えるものについて Can you see the square building?「四角いビルが見えますか？」などと質問してキャッチボールをしてもよい。

Well, it's a good place to raise children. But it's a little far from the station. It's about a 20 minute walk.
子どもを育てるのによい場所ですよ。駅からちょっと遠いんですけど。徒歩で20分かかります。

▶ 他の回答例：Well, it's changed a lot.「とても変わったんですよ」

About ten years. I really like this quiet residential neighborhood.
10年ぐらいです。近所は閑静な住宅街で気に入っています。

315　316　317　318　319　320

本番 6 ゲストを招く──自宅編

ベンジャミンを玄関からリビングへ案内しましょう。私が途中でいくつか指示をしますので、おもてなしの応対をしてください。

● Track 80

Long Rally 12往復　相手の問いかけ → あなたのReply

321 Hello? Is anyone home?
こんにちは。どなたかいらっしゃいますか？

322 Yes. Hi, there.
そうです。こんにちは。

323 Thanks. What a nice home you have!
ありがとう。素敵な家ですね。

324 Well, thank you for inviting me today.
今日はお招きありがとう。

325 Where should I put my shoes?
靴はどこに置いたらいいですか？

326 OK. Great.
どうも。　　「中へどうぞ」と言って

327 Thank you.
ありがとう。　　イスをすすめて

328 Thanks.
どうも。　　飲みものを聞いて

329 What do you have?
何がありますか？

330 Actually, I'll just have water. Is that OK?
やっぱりお水にします。大丈夫ですか？

331 Thanks. Here's a little something for you.
ありがとう。これ、つまらないものですが。

332 Do you like brownies?
ブラウニーは好きですか？

✓ Knock Test
● Track 81

上のトレーニングのトラックは「問いかけ→ポーズ→回答例」の順となっていますが、このノックテストは「問いかけ→ポーズ」のみのトラックです。自分の回答をテンポよく答えてください。

一緒に時間を過ごす本番 Deeper Encounters ■ Chapter 3

▼ Model Replies

Benjamin[ゲストの名前], is that you?
ベンジャミン？ あなたですか？

Hi, there. Welcome to my home.
こんにちは。ようこそ来てくださいました。

Oh, thanks. I'm glad you like it.
ありがとう。気に入ってくれてうれしいです。

My pleasure.
どういたしまして。
(直) よろこんで。

Right there is fine.
そこでいいですよ。

Please, come in.
どうぞお入りください。

Have a seat.
どうぞ、お座りください。

What would you like to drink?
何が飲みたいですか？

We have tea or coffee or green tea.
紅茶、コーヒー、それから緑茶もありますよ。

Yeah, sure. Just a sec.
ええ、もちろん。ちょっとお待ちくださいね。

Oh, you didn't have to bring anything.
何も持ってこなくていいのに。

Yeah, my husband loves brownies. Let's have them with some ice cream.
はい。主人がブラウニー大好きなんです。アイスクリームを添えていただきましょう。

本番 7 ゲストとして訪問する——友だちの家編

友だちである僕の自宅にあなたが到着しました。あなたがインターホンを押すところから始まります。ピンポーン。

● Track 82

Short Rally 6 往復　相手の問いかけ → あなたのReply

333

Who is it?
どちら様ですか？

334

Oh. Come in.
こんにちは。お入りください。

335

I'm so glad you came.
よく来てくださいました。
（直）来てくれてうれしいです。

336

I'll take your coat for you.
コートを預かりますね。

337

So, have a seat on the sofa.
では、ソファに座って。

338

What would you like to drink?
何を飲みますか？

Knock Test ✓Check!　● Track 83

上のトレーニングのトラックは「問いかけ→ポーズ→回答例」の順となっていますが、このノックテストは「問いかけ→ポーズ」のみのトラックです。自分の回答をテンポよく答えてください。

一緒に時間を過ごす本番.Deeper Encounters ■ Chapter 3

▼ Model Replies

Hi. It's Kei.
こんにちは。ケイです。
▶ I'm+[名前]ではなく、インターホンや電話のときは「この声は～です」の意味でIt's... / This is...を使おう。また電話の場合に、This is Kei calling.のように最後にcallingはつけないように。

Thanks.
ありがとう。
▶ 相手の名前がわかるときはThanks.の後に相手の名前をプラスして。例えばThanks, Francia.など。

Well, thanks for inviting me.
お招きをありがとう。

Oh, thanks. Here you are.
ありがとう。では、これ。

Thanks. What a nice home you have!
失礼します。素敵な家ですね。
▶ 相手の家を褒めるひとことをプラスして返すとGood。

Anything is fine. What do you have?
何でも大丈夫です。何がありますか？

333　　334　　335　　336　　337　　338

本番 7 ゲストとして訪問する──友だちの家編

さて、そろそろ帰らないといけない時間です。おいとまの準備をしましょう。　Track 84

Short Rally 6 往復

相手の問いかけ　→　あなたのReply

339

Oh. You have to go already?
もう行かないといけないの？

340

Well, I'll get your stuff.
じゃあ、あなたの荷物を持ってきますね。
▶ このstuffは日本語の「スタッフ」という意味ではなく「荷物」の意味。

341

And here's your coat.
コートをどうぞ。

342

Are you taking the train or driving?
電車ですか？　それとも運転ですか？

343

Well, it's getting dark. So be careful.
そろそろ暗くなってきたので、気をつけてくださいね。

344

Well, it was great seeing you.
では、あなたに会えてとてもうれしかったです。

Knock Test　Track 85

上のトレーニングのトラックは「問いかけ→ポーズ→回答例」の順となっていますが、このノックテストは「問いかけ→ポーズ」のみのトラックです。自分の回答をテンポよく答えてください。

一緒に時間を過ごす本番 Deeper Encounters ■ Chapter 3

Coach's Advice

このチャプターは「一緒に長い時間を過ごす」本番なので、長時間にわたる会話を網羅することは、どんな本にでも不可能。しかし始まりと別れ際の会話はどんな訪問にもあるはずなので、自分の得意な表現をいくつかゲットして会話力を身につけよう。

▼ Model Replies

Yes. I wish I could stay longer.
ええ。もっといたいけれど。

Thank you so much.
ありがとうございます。

Thanks.
ありがとう。

I'm taking the train. So I'm going to Senbondani Station.
電車です。ですので千本谷駅まで行きます。

Oh. Thanks for your concern. I'll be OK.
ご心配ありがとう。大丈夫だと思います。

It was great seeing you too. Thank you so much for your hospitality.
こちらこそ。おもてなしをありがとう。

本番 7 ゲストとして訪問する──友だちの家編

ゲストとしてのふるまい便利表現を日→英でトレーニングしよう。　●Track 86

よく使う表現　　ノック　――――――▶　あなたのAnswer

345　約束の時間に遅れてしまったときのあやまりかた

遅れてすみません。

346

渋滞がありました。

347

（いろいろな電車トラブルを包括的に言うときは）
電車にみだれがありまして。

348　部屋に入るときに

おじゃまします。／失礼します。

349

今日はお時間をありがとうございます。

350　部屋に入ったときの褒め言葉

（どうぞお入りくださいと言われて）
居心地のよさそうなマンションですね。

351

このテーブル素敵ですね。日本製ですか？

352

ここにはどれくらい住んでいますか？

Knock Test　●Track 87

上のトレーニングのトラックは「問いかけ→ポーズ→回答例」の順となっていますが、このノックテストは「問いかけ→ポーズ」のみのトラックです。自分の回答をテンポよく答えてください。

一緒に時間を過ごす本番 Deeper Encounters ■ Chapter 3

Coach's Advice 遅れてしまったときの基本は「I'm sorry.＋主語＋動詞」。I'm sorry to be late for... は混乱しやすいので、理由は「主語＋動詞」で述べるとよい。理由を述べるときはThere was/were... が便利。

▼ Model Answers

I'm sorry. I'm late.
▶ I'm sorry for... やI'm sorry to... と続けて言うより、まず最初にひとことでこれを言うとよい。強調したい場合はI'm SO sorry. のようにsoを入れる。

There was a traffic jam.
▶ 英語では、遅刻したらその理由を説明する必要がある。説明するときはThere was/where... で。

There was a problem with my train line.

Thanks for inviting me.
▶ 日本語の「おじゃまします」の感覚で、招いてくれた人と対面したときや部屋にあがるときのあいさつとしてよく使う。これは自然な言い換え表現。

Thanks for your time today.

What a cozy apartment you have!
▶ cozyは「狭い」という意味ではなく、「居心地のよい、くつろぎやすい」という意味。日本語の感覚では「こじんまりした」とも言える。

I like this table. Was it made in Japan?
▶ This is a nice table. などとも言える。

How long have you lived here?

345　346　347　348　349　350　351　352

本番 7 ゲストとして訪問する——友だちの家編

ここでのノックにはすべて2文以上で答えてみよう。ポーズの間に基礎的なことばを使って言いたいことを全部言えるように頑張って。　● Track 88

よく聞かれる質問　　ノック　------>　あなたのReply

友だちとトーク

---

353 最近の状況について2文以上で

What have you been doing recently?
最近はどうしていますか？

354 いつもどおりを2文以上で

---

355 家族の特定の1名について2文以上で

How's your family?
家族はどうされていますか？

356 家族全体について2文以上で

---

357 Yes.+1文で補足

Was my house hard to find?
うちに来るのは難しかったですか？

358 No.+1分で補足

---

359 なんでもOK

What would you like to drink?
飲み物は何がいいですか？

360 ズバリほしい飲み物をリクエスト

Knock Test　● Track 89

上のトレーニングのトラックは「問いかけ→ポーズ→回答例」の順となっていますが、このノックテストは「問いかけ→ポーズ」のみのトラックです。自分の回答をテンポよく答えてください。

一緒に時間を過ごす本番 Deeper Encounters ■ Chapter 3

Coach's Advice

「日本人は自分で回答を考えるのが苦手」と聞いて、回答が決まっているものばかりのドリルを作ることもできたのですが、実際の会話は自分で考えて答えないと成立しない。だからぜひ、最近の事、家族のことなどについて、自分で考えて回答を作る練習をしてみよう。

▼ Model Replies

I've been busy. This time of the year is one of the busiest for me. I need a vacation. Hahahaha....
ずっと忙しくしてます。毎年この時期はいちばん忙しいんですよ。バケーションが必要ですね（笑）。

Not much. It's been a typical month for me. How about you?
いつもどおりです。いつもと同じ平穏な月です。あなたは？

My sister had a baby. And I've been helping her. Would you like to see a picture?
妹（姉）に赤ちゃんが生まれました。それで彼女の手伝いをしています。写真を見たいですか？

Everyone is fine. My husband is working hard and my kids are enjoying school. How's your family?
みんな元気ですよ。主人は忙しく働いていますし、子どもたちは学校で楽しくやっています。あなたのご家族は？

Yes. Actually, I got lost near the convenience store.
はい。実はコンビニの近くで道に迷ってしまいまして。

No. Your directions were excellent.
いいえ。教えてくださった道順はとてもわかりやすかったです。

Anything is fine. What do you have?
なんでもいいですよ。何がありますか？
▶「あるものでいいですよ」と言うときは Whatever you have is fine with me. で。

A cup of coffee would be nice, if you have some.
コーヒーがいいです、もしあれば。

本番 7 ゲストとして訪問する──友だちの家編

あなたが友だちの自宅のインターホンを押すところから始まります。ピンポーン。　● Track 90

Long Rally 12 往復　相手の問いかけ ▶ あなたの Reply

361 Who is it?
どちら様ですか？

362 Hi. Come in. I'm so glad you came.
こんにちは。どうぞ中へ。よく来てくださいました。

363 I'll take your coat for you.
コートを預かります。

364 So, have a seat on the sofa.
ソファに座って。

365 I'm sorry my place is so messy.
とても散らかっていてごめんなさい。

366 Was my house hard to find?
うちに来るのは難しかったですか？

367 What would you like to drink?
飲み物は何にしますか？

368 Well, I'm having wine. Would you like some?
ワインを飲んでいるんだけど、少しいかがですか？

369 OK. I'll be back with your drink.
わかりました。飲み物を持ってきますね。

370 Here you are.
はい、どうぞ。

371 （カンパイで）Here's to Japan.
日本に。

372 What have you been doing recently?
最近はどうしていますか？

Knock Test　● Track 91
上のトレーニングのトラックは「問いかけ→ポーズ→回答例」の順となっていますが、このノックテストは「問いかけ→ポーズ」のみのトラックです。自分の回答をテンポよく答えてください。

一緒に時間を過ごす本番 Deeper Encounters ■ Chapter 3

Coach's Advice では、歓迎してから乾杯、次に最近の様子に至るまでの会話を、自力で完成させてください。それぞれの問いかけはいろんな回答ができるようにデザインされています。Chat in your own words!

▼ Model Replies

Hi. It's Kei.
こんにちは。ケイです。

Well, thanks for inviting me.
お招きありがとう。

Oh, thanks. Here you are.
ありがとう。では、これ。

Thanks. What a nice home you have!
ありがとう。素敵な家ですね。

It's not that messy. Especially compared to my place.
そんなに散らかってないですよ。特に私の家と比べたら。

No. Your directions were excellent.
いいえ。教えてくださった道順はとてもわかりやすかったです。

Anything is fine. What do you have?
なんでも大丈夫です。何がありますか？

Yes, please. That sounds good.
はい、ぜひ。いただきます。

OK. Thanks a lot.
わかりました。ありがとうございます。

Thanks.
ありがとう。

Here's to Japan.
日本に。

Not much. It's been a typical month for me. How about you?
いつもどおりです。いつもと同じ平穏な月です。あなたは？

本番 8 ゲストを出迎える —ビジネス編

ゲストを出迎えて軽いチャットをしてからミーティングを始めよう。　　Track 92

Short Rally 6 往復　相手の問いかけ　→　あなたのReply

373

Oh. Hi, there.
どうも。

374

Yeah. It's been a while, hasn't it?
ええ。お久しぶりですよね。

375

It's a nice day, isn't it?
いい天気ですね。

376

So shall we go to the meeting?
では、ミーティングに行きましょうか？

377 では、ミーティングルームへ

（部屋に入ってみんなと合流）
Oh. Hi, everyone. Thank you for your time today.
みなさん、こんにちは。失礼します。
（直）今日はお時間をありがとうございます。

378

So, please introduce us.
では、みなさんを紹介してくれますか？　　同僚に紹介して。

Knock Test　Track 93

上のトレーニングのトラックは「問いかけ→ポーズ→回答例」の順となっていますが、このノックテストは「問いかけ→ポーズ」のみのトラックです。自分の回答をテンポよく答えてください。

▼ Model Replies

Hi. It's nice to see you again.
こんにちは。（会ったことのある人に）またお会いできてうれしいです。／お世話になっております。
▶ niceの代わりにgreat/wonderfulを使うとおもてなし度アップ。

Yeah. It's been a while.
ええ。久しぶりですね。

Yeah. I'm glad it didn't rain today.
はい。雨が降らなくてよかったです。

Yes. The elevators are over here.
はい。エレベーターはこちらです。

Well, thank you for coming all the way here.
いいえ。わざわざお越しくださいましてありがとうございます。

This is Mr. Sakamoto. He works in my department.
こちらが坂本です。彼は私と同じ部署で働いています。

373　374　375　376　377　378

本番 8 ゲストを出迎える──ビジネス編

では、ミーティングのエンディングも練習しよう。途中で来月のスケジュールを聞くノックを投げるよ。

Track 94

Short Rally 6 往復
相手の問いかけ → あなたの Reply

379

So shall we finish up?
では、そろそろ終わりにしましょうか？

380

I think we had a very productive meeting.
とても充実したミーティングができましたね。

381

When should we meet next?
次はいつにしましょうか？

382

How's your schedule at the beginning of next month?
来月のあたまのスケジュールはどうですか？

383

Well I'll send you an email and we can decide the date by email.
では、メールを送りますのでメールで日程を決めましょう。

384

Thank you so much for coming all the way here today.
今日はここまでご足労いただきありがとうございました。

Knock Test Check! Track 95

上のトレーニングのトラックは「問いかけ→ポーズ→回答例」の順となっていますが、このノックテストは「問いかけ→ポーズ」のみのトラックです。自分の回答をテンポよく答えてください。

一緒に時間を過ごす本番 Deeper Encounters ■Chapter **3**

▼ Model Replies

Yes. Time flies.
ええ。あっと言う間でしたね。

Me too. Thanks for all your ideas.
私もそう思います。いろいろなアイデアをありがとうございました。

I'm not sure. What do you think?
まだはっきりしません。どうしたらいいでしょう？
▶ 具体的な日がわかる場合はI'm free ＋［日付、曜日など］．で答えてもOK。

Well, I'm free on Wednesdays and Fridays in the afternoon.
ええと、水曜日と金曜日の午後は空いています。

That's an excellent idea.
それがいいですね。

No. Thank YOU for your time today.
いいえ、こちらこそ今日はお時間をありがとうございました。

| 379 | 380 | 381 | 382 | 383 | 384 |

本番 8 ゲストを出迎える――ビジネス編

ビジネスシーンで丁寧に人と接する便利表現を日→英でトレーニングしよう。 Track 96

よく使う表現　ノック → あなたのAnswer

385
2回目以降に会ったときの定番あいさつを丁寧に。
（直）またお会いできてうれしいです。

386
いい天気ですね。

387
今日はわざわざここまでお越しくださいましてありがとうございます。

388
わざわざそれをここまでお持ちくださり、ありがとうございます。

389
そろそろ、始めましょうか？

390
そろそろ、終わりにしましょうか？

391
先週はいろいろとありがとうございました。

392
このあと何か予定はありますか？

Knock Test Check! Track 97　上のトレーニングのトラックは「問いかけ→ポーズ→回答例」の順となっていますが、このノックテストは「問いかけ→ポーズ」のみのトラックです。自分の回答をテンポよく答えてください。

一緒に時間を過ごす本番 Deeper Encounters ■Chapter 3

Coach's Advice 確かにビジネス英語には丁寧な工夫が必要。Thanks. と Thank you. は実はどちらも丁寧なのですが、ちょっとしたことには Thank you. よりも Thanks. が自然。

▼ Model Answers

It's nice to see you again.
▶ よりビジネスライクな意味では「お世話になっております」としても使える。また、初めて会う場合は see ではなく meet で。

It's a nice day, isn't it?

Thank you for coming all the way here today.

Thank you for bringing that all the way here today.

Shall we begin?
▶ Shall we...? は Should we...? ほど広く使えないが、始まりや終わりのかけ声として No.389 や No.390 のように言う。

Shall we finish up?

Thanks for everything last week.

Do you have any plans after this?
▶ さりげなく聞きたいときは、Are you free...? よりこの表現のほうがよい。plan は複数形にするのを忘れずに。

385　386　387　388　389　390　391　392

本番 8 ゲストを出迎える──ビジネス編

ビジネスシーンでも少しディープなおつき合いでもよく使うさりげないミニトークをトレーニングしよう。

Track 98

よく聞かれる質問
ノック ─────▶ あなたの Reply

393
「おかげさまで」＋天気についてひとこと＋ How are you?

How are you today?
今日は（調子は）いかがですか？

394
「おかげさまで」＋自由に1文＋ How are you?

395
使ってよいと2文以上で答えて

May I use the WiFi here?
ここの WiFi を使ってもいいですか？

396
残念ながら使えないと2文以上で答えて

397

So this is your office?
ここがあなたのオフィスですね。

自分のオフィスについてコメントしてみよう

398

How long have you been working here?
ここで働いてどれくらいですか？

399

How's your schedule at the beginning of next month?
来月のあたまのスケジュールはどうですか？

あなたのスケジュールで答えて

Knock Test Track 99

上のトレーニングのトラックは「問いかけ→ポーズ→回答例」の順となっていますが、このノックテストは「問いかけ→ポーズ」のみのトラックです。自分の回答をテンポよく答えてください。

一緒に時間を過ごす本番 Deeper Encounters ■ Chapter **3**

Coach's Advice　ここでは、よくある会話なのにあまり練習しない大事なノックをとりあげます。例えば自分の会社のWiFiを相手が使うことができないとき、「個人的にはそうしたいのですが、難しいです」などの返事も簡単な言葉で、言えるようになりましょう。

▼ Model Replies

Good, thanks. I'm glad it stopped raining. How are you?
おかげさまで。雨がやんでよかったです。あなたは？

Good, thanks. Busy though. How are you?
おかげさまで。忙しいけれど。あなたは？

Sure. I'll get the password. Just a moment.
いいですよ。パスワードを持ってきますね。少々お待ちください。

I wish we had WiFi for visitors to use. But it's impossible to use our WiFi. Sorry about that.
お使いいただけるWiFiがあるといいのですが、弊社のWiFiは使えないのです。申し訳ございません。
▶ 日本語では「お使いいただくのは難しい」と言うことがあるが、英語でIt's difficult... と言ってしまうと逆に相手は混乱してしまうので、この表現は避けよう。

Yeah. It's not very fancy. Is it different from what you imagined?
はい。そんなにしゃれてはいないんです。想像していたのと違いますか？

About five years. It feels like more.
5年くらいです。もっと長く感じます。
▶ moreの部分をlessに変えて、「もっと短く感じる」とも言える。

Well, I'm free on Wednesdays and Fridays in the afternoon.
ええと、水曜日と金曜日の午後は空いてます。

393　394　395　396　397　398　399

本番 8 ゲストを出迎える──ビジネス編

待ち合わせ場所に先についたゲストJohnから電話がかかってきます。電話を受けて、すぐに迎えに行きましょう。 ●Track 100

Long Rally 11 往復　相手の問いかけ ┄┄┄▶ あなたのReply

400
Hello. This is John. I'm in front of your company.
もしもし。ジョンです。あなたの会社の前に着きました。

401
OK. Thanks.
わかりました。ありがとう。

〈相手が待ち合わせ場所について……〉

402
Oh. Hi, there.
どうも。

403
It's so nice to see you too. How are you today?
こちらこそお世話になっております。今日は（調子は）いかがですか？

404
Good. I'm sorry I'm late. There was a problem with the train line.
いいですよ。遅れてすみませんでした。電車にみだれがありまして。

405
So, shall we go to the meeting?
では、そろそろミーティングに行きましょうか？

〈あなたのオフィスに着きました。〉

406
So, this is your office?
ここがあなたのオフィスですね。

407
It looks like a typical Japanese office. Where is your desk?
日本のオフィスという感じですね。あなたのデスクはどちらですか？

408
So how long have you been working here?
ここではどれくらい働いているのですか？

〈では、ミーティングルームへ（部屋に入ってみんなと合流）〉

409
Oh. Hi, everyone. Thank you for your time today.
みなさん、こんにちは。失礼します。（直）今日はお時間をありがとうございます。

410
So, please introduce us.
では、みなさんを紹介してくれますか？

〈同僚に紹介して。〉

✓ Knock Test
Check! ●Track 101

上のトレーニングのトラックは「問いかけ→ポーズ→回答例」の順となっていますが、このノックテストは「問いかけ→ポーズ」のみのトラックです。自分の回答をテンポよく答えてください。

一緒に時間を過ごす本番 Deeper Encounters ■Chapter 3

Coach's Advice ミーティングは会社だけではなく、ボランティア団体、サークル活動でもありえる会話。その応対能力もいろんな場面で問われるはず。ここではミーティングをスタートさせるまでのやりとりをスムーズにできるようにしてきましょう。

▼ Model Replies

OK. I'll be there in a minute.
了解です。すぐに行きます。

Sure. B'bye.
はい。では。

Hi. It's nice to see you again.
どうも。(会ったことのある人に) お世話になっております。

Good, thanks. I've been busy though. How are you?
おかげさまで。でも忙しいんですよ。あなたは?

That's OK. We all understand.
大丈夫ですよ。よくわかります。

Yes. The elevators are over here. Follow me.
はい。エレベーターはこちらです。ついてきてください。

Yeah. It's not very fancy. Is it different from what you imagined?
ええ。そんなにしゃれてはいないんです。想像していたのと違いますか。

Over there. But we don't want to see it.
あちらです。でも見なくていいですよ。(直) 私たちは見たくありません。

About five years. It feels like more.
5年くらいです。もっと長く感じます。

Well, thank YOU for coming all the way here.
いいえ。わざわざここまでお越しくださいましてありがとうございます。

This is Mr. Sakamoto. He works in my department.
こちらが坂本です。彼は私と同じ部署で働いています。

400　401　402　403　404　405　406　407　408　409　410

本番 9 ゲストとして訪問する——ビジネス編

取引先のJohnの会社を訪問します。でも時間になってもJohnは待ち合わせ場所に現れません。では，電話してみよう。

Track 102

Short Rally 6 往復　相手の問いかけ → あなたのReply

待ち合わせ場所に相手がいないとき

411

📞 **Hello This is John Smith.**
もしもし。ジョン・スミスです。

412

📞 **Oh. Hi. Where are you now?**
どうも。今どちらですか？

413

📞 **I'm sorry I'm not there. Please forgive me.**
すみません。まだそこに着いていなんです。許してください。

414

📞 **OK. I'm on my way.**
今向かっていますので。

415

📞 **B'bye.**
では。

416

Oh, sorry to keep you waiting.
お待たせしました。

Knock Test　Track 103

上のトレーニングのトラックは「問いかけ→ポーズ→回答例」の順となっていますが，このノックテストは「問いかけ→ポーズ」のみのトラックです。自分の回答をテンポよく答えてください。

一緒に時間を過ごす本番 Deeper_Encounters ■Chapter **3**

▼ Model Replies

📞 **Hi, John. This is Kei Saito.**
こんにちは、ジョン。斉藤ケイです。

📞 **I'm in the lobby of your building, I think.**
（あなたの）会社のロビーにいる……と思うのですが。

📞 **That's OK. No problem.**
わかりました。大丈夫ですよ。

📞 **OK. I'll be here.**
わかりました。お待ちしております。
▶「お待ちしております」はI'm waiting. ではなく、I'll be［場所］. と伝えるほうがソフト。

📞 **B'bye.**
では。

That's OK. Thank you for meeting me today in spite of your busy schedule.
大丈夫です。お忙しい中お時間を作っていただいてありがとうございます。
▶「お忙しい中お時間をとっていただいてすみません」はI'm sorry for... で言うこともあるが、Thank you for... もとても感じがよい。

本番 9 ゲストとして訪問する——ビジネス編

次は、時間どおりに待ち合わせ場所で落ち合うことができたときのラリーをしてみよう。

● Track 104

Short Rally 6 往復

相手の問いかけ ━━━▶ あなたのReply

迎えにきてもらったときのあいさつ

417 Mr. Smith が会社の入り口まで迎えにきてくれました。

Good morning.
おはようございます。

418

How have you been?
お元気でしたか？ （ご無沙汰しております）

419

Good. Did you have any trouble finding our office?
元気ですよ。うちのオフィスはすぐに見つかりましたか？

420

OK. Follow me.
よかったです。こちらへどうぞ。

421 Mr. Smith のオフィスに着きました

So we're using this meeting room. Have a seat.
では、このミーティングルームを使います。おかけください。

422

What would you like to drink? Coffee? Soda? Water? Or something else?
お飲み物は何がよろしいですか？ コーヒー？ ソーダ？ 水？ それとも別のものがよいですか？

Knock Test
Check! ● Track 105

上のトレーニングのトラックは「問いかけ→ポーズ→回答例」の順となっていますが、このノックテストは「問いかけ→ポーズ」のみのトラックです。自分の回答をテンポよく答えてください。

一緒に時間を過ごす本番 Deeper Encounters ■ Chapter 3

Coach's Advice

ビジネスで使う大事な単語をふたつ we、our。英語では主語が欠かせないので、日本語の「弊社」の意味としてよく使います。「会社」の事は our company、our office. で。My company も通じますが、自分が経営者のようなニュアンスになります。

▼ Model Replies

Good morning, John.
おはようございます。ジョンさん。

Good, thanks. And you?
おかげさまで。元気です。そちらは？

It was very easy to find. The directions on your web site were very clear.
とても見つけやすかったです。ウェブサイトの道案内がとてもわかりやすかったので。

Thanks.
ありがとうございます。

OK. Thanks.
はい。ありがとうございます。

I'll have some coffee.
コーヒーをお願いします。

| 417 | 418 | 419 | 420 | 421 | 422 |

本番 9　ゲストとして訪問する—ビジネス編

ビジネスシーンや旅行などで会社やホテルを訪問するときの定番表現を日→英でトレーニングしよう。

● Track 106

よく使う表現

423
ジョン・スミスさんと約束している者ですが。
（直）ジョン・スミスさんに会いに来ました。

424
フロント・デスク・マネージャーのかたと約束している者ですが。

425
マイケルさんと約束している者ですが。

426
ウェブサイトの道案内はとてもわかりやすかったです。

427
あなたのオフィスは私のオフィスよりずっと素敵です。

428
ここにどれくらいお勤めですか？

429
どちらに座ればよろしいですか？

430　飲み物を何にするか聞かれて
では、コーヒーでお願いします。

Knock Test
● Track 107

上のトレーニングのトラックは「問いかけ→ポーズ→回答例」の順となっていますが、このノックテストは「問いかけ→ポーズ」のみのトラックです。自分の回答をテンポよく答えてください。

一緒に時間を過ごす本番 Deeper Encounters ■ Chapter 3

Coach's Advice 人の名前は Mr. Michael とは言わない。例外として一部のアメリカの私立小学校で先生のことを Ms. Michelle/Mr. Michael などと言うこともあるようだが、一般的ではない。最近では、国際交流も進んでいるので Mr./Ms. をつけるより日本式に Michelle san、Michael san、としても違和感はない。

▼ Model Answers

I'm here to see John Smith.
▶「約束している」は promise ではなく、上記のように I'm here to see [誰]. や I'm meeting Mr./Ms. [誰]. が自然。appointment は単なる打ち合わせとしての約束ではなく、「予約している」という意味で使うほうが多い。

I'm here to see the front desk manager.

I'm here to see Michael.
▶ ビジネスの場でもここでは Mr. Michael とは言わない。

The directions on your web site were very clear.

Your office is much nicer than mine.
▶ この場合の office は個人用のオフィスでも会社の広い共有スペースにも使える。

How long have you been working here?

Where should I sit?

I'll have some coffee.
▶ I'll have some coffee. はお店などでオーダーするときのニュアンスにもなる。お店などではなく訪問先などで飲み物を出してもらうときにも使えるが、Coffee sounds good. もよく使う。

本番 9 ゲストとして訪問する――ビジネス編

ここでのノックには2文以上で答えてみて。ふたつのパターンを用意しているので、それぞれの状況をイメージして答えてみよう。

● Track 108

よく聞かれる質問

相手の問いかけ ········▶ あなたのReply

Where are you now?
今どちらですか？

431 訪問先のビルのロビーにいると答えて

432 遅れているので理由とお詫びを伝える

Did you have any trouble finding our office?
うちのオフィスはすぐに見つかりましたか？

433 Yes.+1文以上で補足

434 No.+1文以上で補足

What would you like to drink? Coffee? Soda? Water? Or something else?
お飲物は何がよろしいですか？　コーヒー？
ソーダ？　水？　それとも別のものがよいですか？

435 聞かれた飲み物からひとつリクエスト

436 今は結構です、と答えて

437
Oh, sorry to keep you waiting.
お待たせしました。

438
This is our office.
ここが私たちのオフィスです。

オフィスをほめてください

Knock Test
● Track 109

上のトレーニングのトラックは「問いかけ→ポーズ→回答例」の順となっていますが、このノックテストは「問いかけ→ポーズ」のみのトラックです。自分の回答をテンポよく答えてください。

一緒に時間を過ごす本番 Deeper Encounters ■ Chapter 3

Coach's Advice maybeの日本語訳は「多分」だが、確信度が低い。maybeよりNo.431のように文末にI think.や文中にprobablyを使うと日本語の「多分」の意味合いに近くなる。

▼ Model Replies

I'm in the lobby of your building, I think.
多分ビルのロビーにいると思うのですが……。

I'm sorry I'm late. I took the wrong train.
すみません、遅れています。間違った電車に乗ってしまって。

Yes. I had the address. But the taxi driver couldn't find it. Sorry I'm a little late.
住所はわかっていたのですが、タクシーの運転手が見つけられなかったようで。遅れてすみません。

No. The directions on your web site were very clear.
はい。ウェブサイトの道案内はとてもわかりやすかったです。

I'll have some coffee.
コーヒーをお願いします。

I'm fine. Thanks anyway.
おかまいなく。でもありがとう。

That's OK. Thank you for meeting me today in spite of your busy schedule.
大丈夫です。今日はお忙しい中お時間を作っていただいてありがとうございます。

It's nice. It's much nicer than my office. And you have a good view of the city.
素敵ですね。私のオフィスよりずっと素敵です。それから、町の眺めがいいですね。
▶ 褒めにくい場合はIt's just as I imagined.「想像したとおりです」が定番表現。

本番 9 ゲストとして訪問する——ビジネス編

> いろんな角度からノックを打ちますよ。今度は受付がいるパターンで。よーい、スタート！
> ● Track 110

Long Rally 12 往復　相手の問いかけ ------▶ あなたのReply

訪問先の受付で……

439
G'morning.
おはようございます。

440
How can I help you?
ご用件はなんでしょうか？

441
OK. May I have your name?
すみません。お名前をよろしいですか？

442
OK. Just a minute.
かしこまりました。少々お待ちください。

Mr. Smith が受付にやってきました

443
Oh. G'morning.
どうも。おはようございます。

444
How have you been?
お元気ですか？（ご無沙汰しております）

445
Good. Did you have any trouble finding our office?
元気です。うちのオフィスはすぐに見つかりましたか？

446
OK. Follow me.
よかったです。こちらへどうぞ。

Mr. Smith のオフィスに来ました

447
This is our office.
ここが私たちのオフィスです。

448
So we're using this meeting room. Have a seat.
では、このミーティングルームを使います。おかけください。

449
What would you like to drink? Water? Coffee? Soda? Or something else?
お飲み物は何がよろしいですか？　水？　コーヒー？　ソーダ？　それとも別のものがよいですか？

450
OK. I'll get that. Here are the documents for the meeting. Have a look.
わかりました。お持ちしますね。これがミーティングの資料です。ご覧になってください。

Knock Test　Check!　● Track 111

上のトレーニングのトラックは「問いかけ→ポーズ→回答例」の順となっていますが、このノックテストは「問いかけ→ポーズ」のみのトラックです。自分の回答をテンポよく答えてください。

一緒に時間を過ごす本番 Deeper Encounters ■ Chapter 3

▼ Model Replies

G'morning.
おはようございます。

Yes. I'm here to see John Smith.
ジョン・スミスさんと約束なのですが。

Sure. I'm Kei Saito from Sushi Industries.
はい。寿司工業の斉藤ケイと言います。

OK. Thanks.
はい。ありがとうございます。

G'morning, John.
おはようございます。ジョンさん。

Good, thanks. And you?
おかげさまで元気です。ありがとうございます。そちらは？

It was very easy to find. The directions on your web site were very clear.
とても見つけやすかったです。ウェブサイトの道案内がとてもわかりやすかったので。

Thanks.
ありがとうございます。

It's nice. It's much nicer than my office. And you have a good view of the city.
素敵ですね。私のオフィスよりずっと素敵です。それから、町の眺めがいいですね。

OK. Thanks.
はい。ありがとうございます。

I'll have some coffee.
コーヒーをお願いします。

OK. I appreciate that. Thanks.
了解です。どうもすみません。

本番 10 街を観光案内 ——日本的なものを説明する

僕と街を歩いていたら、遠くから音が聞こえてきました。日本の焼きイモを売るトラックについて、その後に自動販売機について僕に説明して。

Track 112

Short Rally 6 往復

相手の問いかけ → あなたのReply

451 焼きイモを売るトラックの音が聞こえて

What's that sound?
あれは何の音ですか？

452

Tell me about that truck.
あのトラックについて教えてください。

453

Oh, are the sweet potatoes expensive?
焼きイモは高いですか？

454

Let's get one.
そうしましょう。

455 焼きイモを食べ終わりました。次は自動販売機について……

That was good. Tell me about this vending machine.
おいしかったです。この自動販売機について教えてください。

456

Which drink do you like in this vending machine?
あなたがこの自動販売機の中で好きな飲み物はどれですか？

Knock Test Track 113

上のトレーニングのトラックは「問いかけ→ポーズ→回答例」の順となっていますが、このノックテストは「問いかけ→ポーズ」のみのトラックです。自分の回答をテンポよく答えてください。

一緒に時間を過ごす本番 Deeper Encounters ■ Chapter 3

▼ Model Replies

It's a person selling sweet potatoes. He's saying "baked sweet potatoes."

サツマイモを売っているんですよ。(この声は)焼きイモと言っています。

The sweet potatoes are baked in a special oven in the back of that truck.

焼きイモはあのトラックの後ろに積んである特別な釜で焼くんです。

Not really. One sweet potato is about 500 yen. Would you like one?

そんなに高くはないですよ。1本500円くらいです。食べてみますか？

OK. Sounds good.

では、そうしましょう。

You can get cold or hot drinks. The hot drinks have red price tags.

冷たい飲み物や温かい飲み物を買うことができます。温かい飲み物は値段の表示が赤くなっています。

▶ Tell me about... と言われたら「ひとことお願いします」だと思って1文以上のコメントをしてみよう。

Well, there are three kinds of teas. My favorite is this tea. It's called "Royal milk tea."

そうですね。お茶は3種類あって、私が好きなのはこれです。「ロイヤルミルクティー」と言います。

▶ 「ロイヤルミルクティー」がすぐに伝わる国は限られているので、"tea"と言ってから飲み物の名称として教えてあげると親切。

| 451 | 452 | 453 | 454 | 455 | 456 |

本番10 街を観光案内――日本的なものを説明する

日本的なものの説明表現を日→英でトレーニングしよう。　　Track 114

説明してみよう　　ノック　→　あなたのAnswer

457
[ゲタ]
古い伝統的な靴です。　（大きな概念で）

458
木製のサンダルのようなものです。　（プラス補足）

459
[こいのぼり]
五月初旬の伝統的な飾りです。　（大きな概念で）

460
健康的な男の子への願いを象徴しています。　（プラス補足）

461
[おじぞうさん]
伝統的な宗教の像です。　（大きな概念で）

462
たくさんいる日本の神様のひとつです。　（プラス補足）

463
[神社]
これは日本の伝統的な宗教、神道の神社です。　（大きな概念で）

464
神道の神社は入り口に赤いアーチがあります。あちらみたいな……そして2匹の犬の像があります……あちらとあちらのようなものです。　（プラス補足）

Knock Test　Track 115
上のトレーニングのトラックは「問いかけ→ポーズ→回答例」の順となっていますが、このノックテストは「問いかけ→ポーズ」のみのトラックです。自分の回答をテンポよく答えてください。

一緒に時間を過ごす本番 Deeper Encounters ■ Chapter **3**

英語で日本的なものを伝えるときは **Big To Small テクニック**を使おう。大きな概念から小さな概念へスケールを絞りながら説明するということ。ポイントはうまく（traditional や wooden のような）形容詞をプラスすること。

▼ Model Answers

They are old traditional shoes.

They are like wooden sandals.

It's a traditional decoration in early May.

They represent a wish for healthy boys.

It's a traditional religious statue.

It represents one of many Japanese Gods.
▶ さらに補足するには→ You can see them all over Japan.「日本中で見ることができます」

It's a shrine based on Japan's traditional religion called Shinto.

Shinto shrines have a red arch at the entrance... like that, and two statues of dogs... like that and that.

本番10 街を観光案内——日本的なものを説明する

> では日本的なものを会話形式で説明してみよう。できれば2文以上で。がんばって。　　Track 116

よく聞かれる質問　　ノック　　→　　あなたのReply

（おでんを指ながら）
What's that?
あれは何ですか？

465　大きな概念の1文
466　プラス補足の1文

（こいのぼりを指しながら）
What's that?
あれは何ですか？

467　大きな概念の1文
468　プラス補足の1文

（お寺を指しながら）
What's that building?
あの建物は何ですか？

469　大きな概念の1文
470　プラス補足の1文

（お店の前の行列を見ながら）
What's that line?
あの行列は何ですか？

471　大きな概念の1文
472　プラス補足の1文

Knock Test　　Track 117

上のトレーニングのトラックは「問いかけ→ポーズ→回答例」の順となっていますが、このノックテストは「問いかけ→ポーズ」のみのトラックです。自分の回答をテンポよく答えてください。

一緒に時間を過ごす本番 Deeper Encounters ■ Chapter 3

Coach's Advice

前のページで紹介した **Big To Small テクニック**で、さらにトレーニングしよう。最初のひとことは大きな概念をシンプルに。そしてふたこと目ではその補足を。形容詞をうまく使うことも忘れずに。It's *oden*. や Japanese *koinobori* のように日本語をそのまま伝えるのではなく、説明してみよう。

▼ Model Replies

It's a traditional winter food.
伝統的な冬の料理です。

It has boiled vegetables, eggs and some seafood.
煮た野菜、卵、魚介類などが入っています。

It's a traditional decoration in early May.
五月初旬の伝統的な飾りです。
▶ 「男の子のための5月の飾り」と1文で言おうとするとつまってしまうかも。文を切って5月のものであること、男の子のためのものであることを簡潔に2文以上で言えると相手も理解しやすい。

They represent a wish for healthy boys.
健康的な男の子への願いを象徴しています。

It's a temple.
お寺です。

Buddhist temples are one of the two major kinds of religious buildings in Japan.
仏教のお寺は日本の代表的な2大宗教の建物のひとつです。

It's a long line for a popular restaurant.
人気のあるお店の行列ですね。

People are lining up to eat a noodle dish called *ramen*.
ラーメンという麺料理を食べるために並んでいるんですよ。

| 465 | 466 | 467 | 468 | 469 | 470 | 471 | 472 |

本番 10 街を観光案内──日本的なものを説明する

> フレンドの僕が歩きながら見かけるものについてあなたに「あれは何?」と問いかけるので、説明してあげて。

Track 118

Long Rally 11 往復
相手の問いかけ → あなたのReply

473 〔焼きイモを売るトラックの音が聞こえて〕
What's that sound?
あれは何の音ですか?

474
Tell me about that truck.
あのトラックについて教えてください。

475 Oh, are the sweet potatoes expensive?
焼きイモは高いですか?

476 Let's get one.
そうしましょう。

477 〔そこから少し歩いて……〕
(銭湯の入り口を指して) **What's that building?**
あの建物は何ですか?

478 I see. Do you go there often?
なるほど。あなたもよく行くのですか?

479 〔さらに歩いて……〕
(神社を指して) **What's that building?**
あの建物はなんですか?

480
Do you go there often?
よく行くのですか?

481 Can we walk around in there?
中に入ってみても大丈夫ですか?

482
So tell me about this shrine.
では、この神社について教えてください。

483
What do people do here?
ここでは何をするのですか?

Knock Test
Track 119

上のトレーニングのトラックは「問いかけ→ポーズ→回答例」の順となっていますが、このノックテストは「問いかけ→ポーズ」のみのトラックです。自分の回答をテンポよく答えてください。

一緒に時間を過ごす本番 Deeper Encounters ■ Chapter 3

Coach's Advice

できるだけ、ひとつのモノを説明するのに2文以上で答えられるようにチャレンジしてみよう。まずはひとことでおおまかに。そして2文目でその補足をする。最後はノックテストで自分なりの回答を練習するのも忘れずにね。

▼ Model Replies

It's a person selling sweet potatoes. He's saying "baked sweet potatoes."
サツマイモを売っているんですよ。(この声は)焼きイモと言っています。

The sweet potatoes are baked in a special oven in the back of that truck.
焼きイモはあのトラックの後ろに積んである特別な釜で焼くんです。

Not really. One sweet potato is about 500 yen. Would you like one?
そんなに高くはないですよ。1本500円くらいです。食べてみますか？

OK. Sounds good.
では、そうしましょう。

It's a traditional bath house. People take a shower and then relax in a big bath tub.
あれは浴場です。シャワーをあびて大きな湯船でリラックスすることができます。
▶「銭湯」を表すのにpublic bathでも通じるけれど、bath houseのほうがおすすめ。

Not now. I used to go there when I was in college.
今は行きません。大学生の頃は行ってました。

That's a shrine or temple. Oh, it has a red arch at the entrance so it's a Shinto shrine which is Japan's traditional religion.
神社かお寺です。入り口に赤いアーチ（鳥居）があるので、これは日本の伝統的な宗教神道の神社です。

Sometimes. And I always go there on January 1st to celebrate the new year.
ときどき行きます。でも新年のお参りに毎年元旦に行きます。

Yeah. I think so. Let's go.
ええ。大丈夫だと思いますよ。行ってみましょう。

I don't know much about the history. But this is a typical Japanese shrine. It has the red arch at the entrance with a statue of dog on each side.
歴史についてはそんなに知らないのですが、典型的な日本の神社です。赤いアーチ（鳥居）があって、両脇に狛犬がいます。

There are a lot of ceremonies and even weddings. Everyday people pass by and bow in front of the shrine.
いろいろな儀式があって、結婚式もできます。通常は人々が立ち寄って神社の前でおじぎをします。

本番11 親密なおつき合い——デート

初めてのデートをイメージして、下のShort RallyにチャレンジしてみてT。　● Track 120

Short Rally 6 往復　相手の問いかけ → あなたのReply

484 待ち合わせ場所に着いて

Hi, there. You look great!
どうも。(洋服などが)素敵だね。

485

So are you hungry?
お腹はすいてる?

486

I'm pretty hungry. Let's check out that restaurant over there.
僕も結構お腹がすいてる。あそこにあるレストランを見てみよう。

487 レストランで席について

Is it too noisy in here for you?
ここ、うるさすぎる?

488

OK. Let's order a drink. What would you like to drink? Beer? Or wine? Or a cocktail?
では、飲み物をオーダーしよう。何が飲みたい?　ビール?　ワイン?　それともカクテル?

489

OK. I'll have the same. Are you a heavy drinker?
じゃあ、同じものにするよ。お酒は強いの?

Knock Test　● Track 121

上のトレーニングのトラックは「問いかけ→ポーズ→回答例」の順となっていますが、このノックテストは「問いかけ→ポーズ」のみのトラックです。自分の回答をテンポよく答えてください。

▼ Model Replies

Oh, thanks. That's nice of you to say.
ありがとう。そう言ってくれてうれしい。
▶ そして、誉められた相手も誉め返す。You look great too. でもOK.。

Yeah. Pretty hungry. How about you?
ええ。結構すいてる。あなたは？

That sounds good. Let's go.
いいわね。行ってみましょう。

No. I think I'll be okay. This is a nice table in the corner.
いいえ。大丈夫だと思う。ここは隅でいい席ね。

I'll have a glass of white wine. How about you?
白ワインにするわ。あなたは？

No. Not really. How about you?
いいえ、そんなに。あなたは？

本番11 親密なおつき合い——デート

相手に気を配る言い方や相手についてもっと知るための表現、そして会話を継続させる表現をマスターしよう。

Track 122

よく使う表現　ノック　→　あなたのReply

490 レストランを選ぶときの気配り表現

ここ、煙たすぎますか？

491

ここ、うるさすぎますか？

492

メニューに食べたいものはある？

493

食べられないものはありますか？

494 スモールトークをしたい場合は……

今日はどうだった？

495

あなたの友だちの話を聞かせて。

496

あなたは犬派？　それとも猫派？

497

いつも週末は何をしていますか？

Knock Test
Check! Track 123

上のトレーニングのトラックは「問いかけ→ポーズ→回答例」の順となっていますが、このノックテストは「問いかけ→ポーズ」のみのトラックです。自分の回答をテンポよく答えてください。

一緒に時間を過ごす本番 Deeper Encounters ■ Chapter **3**

Coach's Advice 付加疑問文は簡単ではないですね。試験では、Yes. か No. を答えるように問われますが、実際の会話では文で答えれば大丈夫。例えば、Isn't it smoky?「煙くない？」には I'm okay. や Let's go somewhere else. などを言えば成立します。

▼ Model Replies

Is it too smoky in here?

Is it too noisy in here?

Is there anything on the menu that you wanna eat?
▶ これは「食べられない」のではなく「食べたいもの」があるかどうかの質問だが、「食べられないもの」を聞くときは No.493 のように聞く。

Is there anything that you don't eat?
▶ ポリシーとして「食べないもの」を聞くときは can't eat ではなくこのように聞く。特にアメリカでは「肉を食べない」「ツナを食べない」（動物殺生の関係で）などのポリシーを持つ人が多く、それを尊重するのが一般的。

How was your day?

Tell me about your friends.
▶ 「〜の話を聞かせて」の定番表現。これを活用して会話を継続できるようにしよう。

Are you a dog person or a cat person?

What do you usually do on weekends?

| 490 | 491 | 492 | 493 | 494 | 495 | 496 | 497 |

本番 11 親密なおつき合い――デート

> それではちょっと親密度の高い質問をノックしするので、頑張って返してください。 ● Track 124

よく聞かれる質問　ノック　→　あなたのReply

498　お酒をオーダーしてみよう

What would you like to drink? Beer? Or wine? Or a cocktail?
何が飲みたい？　ビール？　ワイン？　それともカクテル？

499　運転があるのでお酒ではないものを注文

500　Yes.+補足1文で

Are you a heavy drinker?
お酒は強い？
▶ お酒に強いことを strong drinker と言わないように。

501　No.+補足1文で

502

Do you live with your parents?
両親と住んでるの？

503

How long ago was your last relationship?
最後につき合ってたのはいつ？

504

Are you seeing anyone now?
今つき合っている人はいる？

Knock Test ● Track 125

上のトレーニングのトラックは「問いかけ→ポーズ→回答例」の順となっていますが、このノックテストは「問いかけ→ポーズ」のみのトラックです。自分の回答をテンポよく答えてください。

一緒に時間を過ごす本番 Deeper Encounters ■ Chapter 3

Coach's Advice 質問の内容も関係性もだんだん親密度がディープになってきますね。このような質問はストレートに聞かれても、ストレートに返さないといけないということではありません。Well, what do you think? や That's top-secret. などを自分なりに使って下の会話を完成させてください。

▼ Model Replies

I'll have a glass of white wine. How about you?
白ワインにします。あなたは？

Well, I'm driving and I really don't drink, so I'll have grapefruit juice. How about you?
今日は運転もあるし、もともとそんなに飲まないんです。今日はグレープフルーツジュースにします。あなたは？

Yeah. I drink pretty often. How about you?
ええ。わりとよく飲みますよ。あなたは？

No. Not really. I just drink socially sometimes. How about you?
いいえ。そんなには飲みません。おつき合いで飲む程度です。あなたは？

No. I have my own apartment. It's not very big though.
いいえ。ひとりでアパートに住んでるよ。そんなに広くないけれど。

Well, I've dated, but it's been a while since I've had a long term relationship.
デートはしてたけれど、長くつき合うのはしばらくなかったかな。
▶ About six month ago. How about you?「半年前です。あなたは？」のように短く答えてもOK。

Kind of. But we don't see each other very often. It's very complicated. How about you?
微妙な感じ。そんなに頻繁には会ってないの。いろいろ複雑で。あなたは？
▶ No. How about you?「いいえ。あなたは？」と短く答えてもOK。

本番 11 親密なおつき合い――デート

相手と待ち合わせてからレストランで席につき、会話を楽しむラリーをしよう。 ● Track 126

Long Rally 11 往復　　相手の問いかけ　――――▶　あなたの Reply

505 **Hi, there. You look great!**
どうも。(洋服などが) 素敵だね。

506 **So are you hungry?**
お腹はすいてる？

507 **I'm pretty hungry. Let's check out that restaurant over there.**
僕も結構お腹がすいてる。あそこにあるレストランをみてみよう。

508 レストランで席について
Is it too noisy in here for you?
ここ、うるさすぎる？

509 **OK. Let's order a drink. What would you like to drink? Beer? Or wine? Or a cocktail?**
では、飲み物をオーダーしよう。何が飲みたい？　ビール？　ワイン？　それともカクテル？

510 **OK. I'll have the same. Are you a heavy drinker?**
わかった。僕も同じものにするよ。お酒は強いの？

511 ではここからスモールトークにチャレンジ。2文以上で答えてみて
So, how was your day today?
それで、今日はどうだった？

512 **OK. Tell me about your friends.**
では、あなたの友だちの話を聞かせて。

513 **That's interesting. So, are you a dog person or a cat person?**
おもしろそうですね。あなたは犬派？　それとも猫派？

514 **I see. By the way, are you seeing anyone now?**
そうなんだ。ところで、今つき合ってる人はいる？

515 **What do you do in your free time?**
時間のあるときは何をしてるの？

Knock Test ● Track 127
上のトレーニングのトラックは「問いかけ→ポーズ→回答例」の順となっていますが、このノックテストは「問いかけ→ポーズ」のみのトラックです。自分の回答をテンポよく答えてください。

一緒に時間を過ごす本番 Deeper Encounters ■ Chapter 3

Coach's Advice ここで紹介している内容はもちろん「恋愛関係」以外にも使えます。本当にこのような会話に困ったら、本番で That's an interesting question. や It's hard to explain, how about you? などを駆使してみましょう。

▼ Model Replies

Oh, thanks. That's nice of you to say.
ありがとう。そう言ってくれてうれしい。

Yeah. Pretty hungry. How about you?
ええ。結構すいてる。あなたは？

That sounds good. Let's go.
いいわね。行きましょう。

No. I think I'll be okay. This is a nice table in the corner.
いいえ。大丈夫だと思う。ここは隅でいい席ね。

I'll have a glass of white wine. How about you?
白ワインにするわ。あなたは？

No. Not really. I just drink socially sometimes.
いいえ、そんなに。ときどきおつき合いで飲んだりはしますけど。

Terrific! I met some old friends. We haven't seen each other for nine years.
最高にいい1日だった。昔の友人に会って。9年ぶりだったので。

One friend is a coffee connoisseur. She makes really good coffee. She is working at a café in Ginza. I can take you there someday.
友だちのひとりがコーヒー通なんです。とてもコーヒーを入れるのが上手です。銀座のカフェで働いているので、いつか連れていくね。

I think I'm a dog person. I've never had a dog. Actually, I'm allergic to cats.
犬派かな。犬を飼ったことないけれど、実は猫アレルギーがあって。

Kind of. But we don't see each other very often. It's very complicated.
微妙な感じ。そんなに頻繁には会わないので。いろいろ複雑で。

I like sports. I play tennis two or three times a month. How about you?
スポーツが好きで、月に2、3回はテニスをしてるよ。あなたは？

Speed Challenge 4

発音ノック ▶▶▶ 3ビート (2)

> 日本語を聞いて、それを英語に変換して、さらにそれを3ビートで言えるように。さぁ、スタート。

● Track 128

	ノック	回答例
516	ショッピングモール	**Shopping mall.**
517	マクドナルド	**McDonald's.**
518	オレンジ・ジュース	**Orange juice.**
519	ホテル・ルーム	**Hotel room.**
520	クレジットカード	**Credit card.**
521	コーヒーカップ	**Coffee cup.**
522	電車の駅	**Train station.**
523	日本語	**Japanese.**
524	母と父	**Mom and dad.**
525	水だけ	**Just water.**

➡ 最後に……シャッフルノック（少しテンポも早くなるよ）

☑ **Knock Test**
● Track 129

| 516 | 517 | 518 | 519 | 520 | 521 | 522 | 523 | 524 | 525 |

Speed Challenge 5

発音ノック ▶▶▶ 4ビート

4ビートの文章を気持ちよくサッと言えるようにトレーニングしよう。日本語を聞いて英語で返して。 ● Track 130

ノック	Answer
526 どうもありがとうございます。	Thank you so much.
527 はじめまして。	Nice to meet you.
528 お久しぶりです。	Long time no see.
529 よい1日を。	Have a nice day.
530 これ、あなたのお茶ですか？	Is this your tea?
531 マクドナルドはどこですか？	Where's McDonald's?
532 次の電車はいつですか？	When's the next train?
533 スターバックスは閉まりました。	Starbucks is closed.
534 これはいくらですか？	How much is this?
535 すぐに戻ります。	I'll be right back.
536 もっといただけますか？	May I have more?
537 ここでお待ちいただけますか？	Would you wait here?

➡ 最後に……シャッフルノック（少しテンポも早くなるよ）

✓ **Knock Test** 526 527 528 529 530 531 532 533 534 535 536 537
Check!
● Track 131

Speed Challenge 6

頭と口のスピード連携ノック

日本語を聞いて頭に思い浮かべたことばをすぐに英語に変換して、時間制限内にテンポよく言ってみよう。

● Track 132

ノック | **回答例**

538 犬より大きい動物を3つ、7秒で。
※ Horse, lion, dolphin.

539 犬より小さい動物を3つ、7秒で。
※ Cat, mouse, squirrel.

540 小さい動物から大きい動物へ順番に4つ、7秒で。
※ Mouse, cat, elephant, whale.

541 大きい動物から小さい動物へ順番に4つ、7秒で。
※ Dragon, giraffe, lizard, cat.

542 危険な動物を3つ、7秒で。
※ Snake, alligator, tiger.

543 危険な動物を大きいものから小さいものへ順番に3つ、7秒で。
※ Elephant, rhinoceros, snake.

544 かわいい動物を3つ、7秒で。
※ Dog, cat, dolphin.

545 かわいい動物を大きいものから小さいものへ順番に3つ、7秒で。
※ Dolphin, dog, cat.

✓ **Knock Test**
● Track 133

| 538 | 539 | 540 | 541 | 542 | 543 | 544 | 545 |

Chapter 4

食事も会話も共有する本番
Sharing a Meal

- 基礎準備　**食事も会話もはずむ定番表現** (→ p.132)
- 本番 12　**カフェでクイックランチ** (→ p.136)
- 本番 13　**友だちの BBQ パーティに参加する** (→ p.144)
- 本番 14　**自宅での食事に友だちを招待** (→ p.154)
- 本番 15　**仕事帰りにバーで一杯** (→ p.162)
- Speed Challenge (→ p.170)

Chapter 4 基礎準備
食事も会話もはずむ定番表現

Unit 1 「おいしい」の基礎表現　日→英

Coach's Advice　Track 134

「おいしい」にはオールマイティに使えるgoodを使いこなそう。deliciousはこった料理には使えるが、普通においしい食べ物や飲み物などにはほとんど使われない。be good / taste good=「おいしい」。

ノック　しおり　Answer

546
おいしい？
→ Is it good?

547
おいしいですね。
→ It's good, isn't it?

548
(食べ物が目の前にきて)
おいしそう。
→ It looks good.
▶香りがよい場合はIt smells good.。

549
ここのパスタ、わりとおいしいね。
→ This spaghetti is pretty good.
▶It was pretty good, wasn't it?「わりとおいしかったね」。

550
どっちがおいしかった？
→ Which was better?

Knock Test　Track 135

546	547	548	549	550

ノックテストは「問いかけ→ポーズ」のみのトラックです。自分の回答をテンポよく答えてください。

Unit 2 食事や料理の感想をシェアする表現 日→英

Coach's Advice　「〜はどうですか」はHow's...?で、またNo.555やNo.557のように「どうぞ、食べて」のニュアンスなどはHave...をうまく使って表現してみよう。

Track 136

| ノック | しおり | Answer |

551
サラダはどうですか？
➡ **How's your salad?**

552
パスタはどうですか？
➡ **How's your spaghetti?**
▶ pastaは麺そのものを指すので、パスタ料理を指すときはspaghettiがよい。例えば「ランチにパスタを食べた」と言うときは、I had spaghetti for lunch. で。

553
あなたのはどうですか？
➡ **How's yours?**

554
ひと口いかがですか？
➡ **Would you like a bite?**
▶ カジュアルに聞くときはYou want to try it?「ちょっと食べてみます？」。

555
ひと口食べてみて。
➡ **Have a bite.**
▶ 飲み物やスープなどはa sipがひと口。つまり、Have a sip.。

556
（お皿などに残っている料理を）
最後の分はいかがですか？
➡ **Would you like the rest?**
▶「まだあるけどいかが？」のニュアンス。

557
残りもどうぞ。
➡ **Have the rest.**

558
半ぶんっこしよう。
➡ **Let's split it.**
▶「割り勘にしよう」は Let's split the bill.。

✅ **Knock Test** 551　552　553　554　555　556　557　558
Track 137

Unit 3 「いただきます」「ごちそうさま」の言い換え表現　日→英

Coach's Advice 英会話の達人になるには、自分らしさ、つまり自分の母語の感覚をうまく生かすことが大切。では、和風ならではのお食事表現をマスターしよう。

Track 138

▽しおり

559
いただきましょう。
➡ **Let's begin.**
▶ 無言で食事をスタートするよりこのように言うほうがよい。Let's start. よりていねい。

560
(相手の食事が先に届いて)
お先に始めててください。
➡ **Go ahead and start.**

561
(自分の食事が先に届いて、「先にどうぞ」と言われて)
お先にいただきます。
➡ **I'll go ahead and start.**

562
では、おことばに甘えて。
➡ **Well, if you insist.**
▶ 「そこまでおっしゃるのなら」のニュアンス。

563
ちょっと失礼します。
➡ **Excuse me for a moment. / I'll be right back.**
▶ この2文は順序を入れ替えてもどちらかひとつを言うだけでも「行ってきます」のニュアンスは伝わる。

564
ただいま。
➡ **I'm back.**

565
ごちそうさまでした。
➡ **That was good.**
▶ 料理を作ってくれた人に直接伝えるなら good ではなく delicious を使うのが礼儀。

566
(レストランなどで食事が終わって)
みなさん、ごちそうさまかな。
➡ **Shall we go?**
▶ Shall we begin?「いただきましょうか?」としても使える。

✓ **Knock Test** | 559 | 560 | 561 | 562 | 563 | 564 | 565 | 566
Track 139

Unit 4 外食の基礎―飲み物のオーダーと勘定のやりとり

食事も会話も共有する本番 Sharing a Meal ■ Chapter 4

日→英

Coach's Advice 外食を気持ちよく終えるのに勘定のやりとりは欠かせない。飲み物のオーダーもビルドアップして...or...の文を言えるようになろう。

● Track 140

飲み物のオーダービルドアップ

しおり

567 飲み物をいただきましょうか。
→ **Shall we have a drink?**

568 食事と一緒に飲み物をいただきましょうか。
→ **Shall we have a drink with our meal?**

569 食事と一緒に飲み物をいただきましょうか？ それとも水だけにします？
→ **Shall we have a drink with our meal, or just water?**

勘定のやりとりをマスター

570 ここは私が。
→ **I'll get this.**

571 前回はあなただったでしょ。
→ **You got it last time.**
▶ treat でも通じるが恩着せがましく聞こえることもある。get がさりげないおごりの表現。

572 次回は私ね。
→ **I'll get it next time.**
▶ You'll get it next time.「次回はあなたね」としてもOK。

573 ここは誰持ち？
→ **Who's getting this?**

574 割り勘にしよう。
→ **Let's split this.**

Knock Test 567 | 568 | 569 | 570 | 571 | 572 | 573 | 574

● Track 141

本番12 カフェでクイックランチ

今日は友だちとランチに行く約束の日。待ち合わせ場所からお店まで7往復のラリーで移動してみよう。

🎧 Track 142

Short Rally 7 往復　相手の問いかけ ------> あなたのReply

575 待ち合わせ場所に着いて

Oh. Hi. there.
やぁ、どうも。

576

I'm so glad we're having lunch today.
今日一緒にランチできてうれしいな。

577

Is there anything you don't eat?
何か食べられないものはある?

578

OK. Shall we go?
オッケー。行こうか?

579 お店についてメニューを見ながら

Everything on the menu looks good, doesn't it?
メニューの料理はどれもおいしそうだね。

580

Well, I'll have lasagna today. How about you?
私は今日はラザニアにしよっと。あなたは?

581

OK. Let's order. Could you call the waiter?
オッケー。オーダーしよう。ウェイターを呼んでくれる?

Knock Test
Check! 🎧 Track 143

上のトレーニングのトラックは「問いかけ→ポーズ→回答例」の順となっていますが、このノックテストは「問いかけ→ポーズ」のみのトラックです。自分の回答をテンポよく答えてください。

食事も会話も共有する本番 Sharing a Meal ■Chapter 4

▼ Model Replies

Hi, there. Good to see you.
どうも。会えてうれしいです。

Me too! And I'm pretty hungry.
私も！　結構お腹がすいてるの。

Well, spicy foods are not my favorite. But I'm flexible.
辛いものはあまり得意じゃないけれど、でも何でも平気だよ。

Yes. Let's go.
うん。行こう。

Yeah. I wonder what I'll have?
そうだね。私は何にしようかな。

Oh, everything looks so good. I'll have the gnocchi and gorgonzola.
どれもおいしそう。ゴルゴンゾーラとニョッキの料理にしよう。

Sure. Just a sec.
いいよ。ちょっと待ってね。

本番 12 カフェでクイックランチ

食事に誘うときの便利表現を日→英でマスターしよう。

Track 144

よく使う表現

582 ランチを一緒にどうですか？

583 中華はどうですか？

584 お茶行きませんか？

585 今日、仕事帰りに飲みに行きませんか？

586 割り勘にしませんか？

587 ビルドアップにチャレンジ
よい和食のお店があります。

588 最上階にいい和食のお店があります。

589 最上階にいい和食のお店があります、そこでよろしいですか？

Knock Test Track 145

上のトレーニングのトラックは「問いかけ→ポーズ→回答例」の順となっていますが、このノックテストは「問いかけ→ポーズ」のみのトラックです。自分の回答をテンポよく答えてください。

Coach's Advice

アメリカ人や多くのヨーロッパ人の場合も、日本人と同じように最初は丁寧に接するのが無難なはず。しかし、例えば5回以上面識があるのに、最初と同じ接し方はしないはず。英会話だったらファーストネームで呼び合ったり、Why don't we...？とはっきり提案したりできるはず。

▼ Model Answers

Why don't we have lunch together?

Why don't we have Chinese?

Why don't we have a cup of coffee?
▶ 日本語の「お茶をしませんか」と同じように、必ずしもコーヒーを飲むというのではなく、カフェなどでお茶をして話をしようという誘いのときに、このように言う。

Why don't we have a drink after work today?
▶ この場合はほぼお酒のお誘いです。after jobでもなく、after workingでもなく、after workが広く「仕事の後」という意味で使える。

Why don't we split the bill?

There's a good Japanese restaurant.

There's a good Japanese restaurant on the top floor.

There's a good Japanese restaurant on the top floor. Is that OK?

本番 12 カフェでクイックランチ

軽いランチでも場所や味の好みはとても重要。2とおりのパターンで答えるノックと2文以上で答えるノックを投げるので自分なりに返してみて。

● Track 146

よく聞かれる質問　　ノック　　　　　　　　　　あなたのReply

590 誘いを受ける場合

Why don't we have lunch together?
ランチを一緒にどう？

591 誘いを断る場合

592 食べられないものをひとつ答えて

Is there anything you don't eat?
食べられないものはある？

593 何でも食べられると答えて

594

What kinds of spaghetti do you usually have?
いつもどんなパスタを食べるの？

2文以上で

595

（パスタ屋さんで）What would you like to order?
何を注文しますか？

好きな料理をオーダー

596　自分の気分に合わせて2文以上で答えてみて

Where would you like to go for lunch today?
今日のランチはどこに行きたい？

2文以上で

Knock Test ● Track 147

上のトレーニングのトラックは「問いかけ→ポーズ→回答例」の順となっていますが、このノックテストは「問いかけ→ポーズ」のみのトラックです。自分の回答をテンポよく答えてください。

食事も会話も共有する本番 Sharing a Meal ■Chapter **4**

▼ Model Replies

OK. That sounds good.
いいね。それにしましょう。
▶ 直訳では「よさそう」になるが、これは「それにしましょう」から「それでお願いします」などで広く使える定番表現。

I wish I could but I have plans today.
そうしたいのだけど、今日は予定があって。
▶ plansは複数形で言うと「予定」や「約束」を指す。ここではpromiseとは言わない。

Actually, spicy foods are not my favorite. But I can have some spicy foods.
実は辛いものはあまり得意ではなくて。でも、少しなら辛いものも食べられるよ。
▶ 珍味はexotic food。脂っこいものはgreasy food。

I can eat almost anything. How about you?
ほとんどなんでも平気です。

I like spaghetti with cream-based sauces like carbonara. But I like to try all kinds of spaghetti.
カルボナーラのようなクリーム系のパスタかな。でもパスタならなんでも食べてみたい。

Everything looks good. But I'll have the mushroom risotto.
どれもおいしそう。でもマッシュルームリゾットにします。

Anywhere is fine with me. But we don't have a lot of time, so let's have something simple near the station.
どこでもいいよ。でもあまり時間がないから、駅の近くで簡単なものでも食べよう。

| 590 | 591 | 592 | 593 | 594 | 595 | 596 |

本番 12 カフェでクイックランチ

レストランや食事の席などについて、Short Rally よりも内容が細かい食卓のノックが出てくるよ。頑張って。

Track 148

Long Rally 12 往復

相手の問いかけ → あなたの Reply

待ち合わせ場所に着いて……

597 Hi, there.
どうもどうも。

598 So what kind of restaurant should we go to today?
今日はどんなレストランに行こうか？

599 There's a good Italian restaurant in that department store. Is that OK?
あのデパートの中においしいイタリアンレストランがあるよ。いい？

お店に着いて……

600 You have the seat with the view.
景色が見える席をどうぞ。

601 I insist. And I don't like too much sunlight anyway.
いや、ほんとにどうぞ。あまり日光が得意ではなくて。

602 Everything on the menu looks good, doesn't it?
メニューの料理はどれもおいしそうだね。

603 Well, I'll have lasagna today. How about you?
私は今日はラザニアにしよっと。あなたは？

604 OK. Let's order. Can you call the waiter?
オッケー。オーダーしよう。ウェイターを呼んでくれる？

料理が届いて……

605 Here's our food... finally.
料理がきたよ。やっと。

606 OK. Let's begin. Bon appetite.
では、いただきます。ボナ・ペティ。
▶ Bon appetite. はフランス語で「召し上がれ」。

607 How's your spaghetti?
あなたのパスタはどう？

608 Mine's really good. Would you like a bite?
私のもとてもおいしいよ。ひと口食べてみる？

Knock Test
Track 149

上のトレーニングのトラックは「問いかけ→ポーズ→回答例」の順となっていますが、このノックテストは「問いかけ→ポーズ」のみのトラックです。自分の回答をテンポよく答えてください。

▼ Model Replies

Hi, there.
どうもどうも。

Anywhere is OK with me.
私はどこでもいいよ。

Yeah. Italian is one of my favorites.
いいよ。イタリア料理が好きなんだ。

No. Go ahead. You have the seat with the view.
いえいえ。どうぞどうぞ。あなたが景色の見える席に座って。

Well, if you insist.
じゃあ、おことばに甘えて。

Yeah. I wonder what I'll have.
そうだね。私は何にしようかな。

Oh, everything looks so good. I'll have the gnocchi and gorgonzola.
どれもおいしそう。ニョッキとゴルゴンゾーラの料理にしよう。

Sure. Just a sec. "Sumimasen."
いいよ。ちょっと待ってね。すみません。

Mmm... both dishes look so good.
んー、どちらの料理もとてもおいしそう。

Let's begin. Bon appetite.
いただきます。ボナ・ペティ。

It's pretty good. How's yours?
わりとおいしいよ。あなたのは？

Oh, thanks. And Here. Have a bite of mine too.
ありがとう。では、これ。私のもどうぞ。

本番13 友だちのBBQパーティに参加する

バーベキューパーティに招待されました。おみやげを持って参加しよう。まずは6往復のラリーから、どうぞ！　●Track 150

Short Rally 6往復　相手の問いかけ　→　あなたのReply

609 BBQの会場に到着して……

Hi. I'm glad you came.
どうも。来てくれてうれしいよ。

610

You brought something for our barbecue? What is it?
バーベキューのために何か持ってきてくれたの？　何？

611

Oh, thanks. That's so sweet of you.
ありがとう。やさしいんだね。

612

Here. Take a plate and get some food.
はい、どうぞ。お皿を持って食べ物を取ってきて。

613

I already had a plate. The shrimp is great. But the mushrooms are so-so.
もうひと皿分食べたんだ。エビがおいしいよ。でもキノコはいまいちかな。

614

Enjoy.
楽しんで。

Knock Test　●Track 151

上のトレーニングのトラックは「問いかけ→ポーズ→回答例」の順となっていますが、このノックテストは「問いかけ→ポーズ」のみのトラックです。自分の回答をテンポよく答えてください。

▼ Model Replies

Thanks for inviting me.
お誘いありがとう。

These are some cookies and traditional Japanese desserts. Here you go.
そう。クッキーと日本の伝統的なデザート。はい、どうぞ。

Oh, don't mention it. I hope you like them.
いいんだよ。気に入ってもらえるといいのだけど。

OK. How about you? Have you already eaten?
オッケー。あなたは？ もう食べたの？

Got it. Thanks for the advice.
わかった。アドバイスをありがとう。

Talk to you later.
また後でね。

本番13 友だちのBBQパーティに参加する

最後は片づけも手伝ってから帰りましょう。言い換え表現だけれど自然な「お疲れさま」を使ってエンディングも気持ちよく締めくくろう。

Track 152

Short Rally 6往復　相手の問いかけ ----▶ あなたのReply

615 BBQパーティが終わって……

Thanks so much for helping us clean up!
片づけを手伝ってくれてありがとう。

616

Well, it's been a long day.
お疲れさまでした。
（直）長い1日でしたね。

617

So how did you like the barbecue today?
今日のバーベキューはどうでした？

618

Did you get enough to eat at the barbecue?
バーベキューでお腹いっぱいになりましたか？

619

There's some extra chicken. Here. Take this home with you.
チキンが残っているんです。これ、どうぞ。家に持って帰ってください。

620

Some people are going out after this. Do you wanna go?
何人かはこのあと出掛けるのですが、一緒に行きますか？

Knock Test
Check! ● Track 153

上のトレーニングのトラックは「問いかけ→ポーズ→回答例」の順となっていますが、このノックテストは「問いかけ→ポーズ」のみのトラックです。自分の回答をテンポよく答えてください。

食事も会話も共有する本番 Sharing a Meal ■ Chapter 4

Coach's Advice　パーティで落ち着いて会話ができるのは、始まって間もない最初のほうといちばん最後の時間だと思います。パーティのセットアップや片付けを手伝える時間は、人と打ち解けるのにもってこいの機会です。

▼ Model Replies

Sure. I'm happy I could help.
もちろん。手伝えてうれしいです。

Yeah. It's been a long day.
ええ。お疲れさま。
（直）長い1日でしたね。
▶ It's been a long day. は「お疲れさま」の代わりに使える自然な英語定番表現。

It was fun. I spoke a lot of English today.
楽しかったです。今日は英語をたくさん話しました。

Yeah. I'm full.
ええ。お腹いっぱいです。

Oh, really? Well, thanks.
本当に？　ありがとうございます。

Well, I have to go home. I'll take a rain check.
えっと、家に帰らないといけないんです。また次の機会にぜひ。
▶ 一緒に出掛けられる場合は Yeah. That sounds fun. 「ええ。楽しそうですね」などで。

本番13 友だちのBBQパーティに参加する

パーティで使える便利表現を日→英でトレーニングしよう。 Track 154

よく使う表現　ノック　→　あなたのAnswer

621
どこに座ったらいい？

622
バーベキュー日和ですね。

623
どの料理がおすすめですか？

624
この飲み物、私の？

625
ナプキンを1枚もらえますか？

626
まぁ、やさしい。

627
日本にカンパイ！

628
これ、みなさんでどうぞ。

Knock Test
Track 155

上のトレーニングのトラックは「問いかけ→ポーズ→回答例」の順となっていますが、このノックテストは「問いかけ→ポーズ」のみのトラックです。自分の回答をテンポよく答えてください。

食事も会話も共有する本番 Sharing a Meal ■Chapter 4

Coach's Advice　nice、sweet、kindこれら3つとも「優しい」です。細かい使いわけはないので迷ったらどれか使えると考えてくださいね。アメリカで定番の「優しい」はnicеかsweet。niceが普通でsweetはやや強調したニュアンス。

▼ Model Answers

Where should I sit?

It's a good day for a barbecue.
▶ goodのかわりにgreatやperfectなどと強調して言うこともある。barbecueの代わりにdoing the laundry「洗濯日和」などのように表現活用もできる。

Which dish do you recommend?

Is this my drink?
▶ もしくは飲み物の名前を使ってIs this my beer?などとも言う。

May I have a napkin?
▶ wet tissue(ウェットティッシュ)は、そのままでは通じない国や地域もあり、hand wipesやwipesもしくは商品名をそのまま言うこともある。

That's so sweet of you.

To Japan!
▶ カジュアルなカンパイの言いかたは「〜に」という意味でTo...。「家族に友だちに」はTo my family and friends!　フルではHere's to my family and friends!

Here's something for everyone.

| 621 | 622 | 623 | 624 | 625 | 626 | 627 | 628 |

本番13 友だちのBBQパーティに参加する

立食パーティなどでよくある会話をトレーニングしよう。ふたつの状況に応じてノックを返してみて。

Track 156

よく聞かれる質問 → ノック → あなたのReply

Do you drink?
お酒は飲みますか？

- 629　No.＋1文で補足
- 630　Yes.＋1文で補足

Which dish do you recommend at this barbecue?
バーベキューでどの料理がおすすめですか？

- 631　和食一品をすすめて
- 632　洋食一品をすすめて

How did you like that lobster?
あのロブスターはどうでした？

- 633　おいしいとすんなり言える場合
- 634　あまりおいしくないをソフトに答えて

Let's go somewhere after this.
この後どこか行かない？

- 635　誘いを受ける
- 636　誘いをソフトに断る

Knock Test
Track 157

上のトレーニングのトラックは「問いかけ→ポーズ→回答例」の順となっていますが、このノックテストは「問いかけ→ポーズ」のみのトラックです。自分の回答をテンポよく答えてください。

食事も会話も共有する本番 Sharing a Meal ■Chapter 4

Coach's Advice すべての問いかけに、2パターンの回答で練習。ひとつで十分と思うかもしれませんが、実際の会話ではどんな回答が返ってくるか未知数。日本語だって同じ。この会話に正解不正解の返答はありません。不正解とみなされるのは詰まってしまって、何も言わないことだけ。So speak up!

▼ Model Replies

No. So I'll just have iced tea.
いえ。だからアイスティーだけにしておきます。

Yeah. I'm not a heavy drinker but I enjoy a drink sometimes.
ええ。そんなにたくさんは飲まないけれど、お酒を飲むのは好きです。

The salmon is really good. It's cooked in a style called "Saikyo-yaki."
シャケがとてもおいしいですよ。西京焼きという調理法です。

The curry is pretty good. I'm not sure if you'll like it, but it's not that spicy.
カレーがわりとおいしいですよ。気に入るかどうかわからないけれど、そんなに辛くないですよ。

It was pretty good. I really liked the texture of the lobster meat.
わりとおいしいかったです。ロブスターの食感がとても気に入りました。
▶ 食感のことを texture と言う。

It had an unusual taste. It wasn't bad, but it wasn't my favorite.
変わった味でした。悪くはないけど自分の好みではありませんでした。
▶「おいしくない」は not delicious と言うと不自然。苦手なものを言うときは It's not... / It's wasn't my favorite. で。これは感じがよく、誰も嫌な気持ちにならないソフトに言える便利表現。

That sounds great.
そうしよう。
▶ That sounds good/great. は「そうしましょう」「それでお願いします」の定番の返事。

I wish I could but I have to go back home.
行きたいのだけれど、今日は帰らなくちゃ。
▶「帰る」は I will back home ではなく I will go back home.。

151

本番13 友だちのBBQパーティに参加する

> では、次はBBQパーティでみんなの前に登場するところから。12往復のラリーをやってみよう！
> Track 158

Long Rally 12往復 　相手の問いかけ　→　あなたのReply

637 ─ BBQの会場に到着して ─
Oh. You came. Hey everyone, look who's here.
来てくれたんだ。おーい、みんな誰が来たと思う？

638
I'm glad you came.
来てくれてうれしいよ。

639
We have beer, and wine, or orange juice or iced tea. Do you drink?
ビール、ワイン、オレンジジュースとアイスティーもあるよ。お酒は飲む？

640
OK. I'll be right back. Go ahead and mingle.
オッケー。すぐに戻るね。どうぞどうぞ。みんなと話してて。

641 ─ 飲み物が届いて ─
Here's your drink.
はい、飲み物をどうぞ。

642
To Japan!
日本に（カンパイ）！

643
Cheers!
カンパイ！

644
Oh, you brought something for our barbecue? What is it?
バーベキューのために何か持ってきてくれたの？　何？

645
Oh, thanks. That's so sweet of you.
ありがとう。やさしいんだね。

646
Here. Take a plate and get some food.
はい、これ。お皿を持って食べ物を取ってきて。

647
I already had a plate. The chicken is great. But the clams are just so-so.
もうひと皿分食べたんだ。チキンがおいしいよ。でも貝はいまいちかな。

648
Enjoy.
楽しんで。

Knock Test ● Track 159
上のトレーニングのトラックは「問いかけ→ポーズ→回答例」の順となっていますが、このノックテストは「問いかけ→ポーズ」のみのトラックです。自分の回答をテンポよく答えてください。

食事も会話も共有する本番 Sharing a Meal ■ Chapter 4

Coach's Advice 日本でも食べ物の話は盛り上がります。立食パーティやバーベキューパーティでは、人から質問されるのを待つのではなく、自分から得意なジャンルの話題を投げてみることがオススメです。食べ物だったら、Have you tried the chicken? など使えますね。

▼ Model Replies

Hi, everyone.
みなさん、こんにちは。

Thanks for inviting me.
お誘いありがとう。

Yeah, but I'm driving so I'll have iced tea.
ええ。でも運転があるので、アイスティーで。

OK. Thanks.
はい。ありがとう。

Thanks a lot.
どうもありがとう。

To Japan!
日本に！

Cheers!
カンパイ！

Yeah. These are some cookies and traditional Japanese desserts.
そう。クッキーと日本の伝統的なデザート。

Oh, don't mention it. I hope you like them.
いいんだよ。気に入ってもらえるといいのだけど。

OK. How about you? Have you already eaten?
オッケー。あなたは？　もう食べたの？

Thanks for the advice. I'll get some chicken.
アドバイスをありがとう。チキンをもらうよ。

Talk to you later.
また後でね。

本番 14 自宅での食事に友だちを招待

あなたが手作りの和食を用意して、招待された僕が食卓についたところからこのラリーは進みます。和食についての質問を投げるので自分なりに説明してみて。

● Track 160

Short Rally 6 往復

相手の問いかけ → あなたのReply

649 料理を食卓に並べて

Thank you for preparing all this wonderful Japanese food.
すばらしい和食を用意してくれてありがとう。

650

So where should I sit?
どこに座ったらいいかな？

651

Thanks. Looking at all this nice food makes me hungry.
ありがとう。このすてきな料理を見ているとお腹がすくね。

652

So, shall we begin?
では、いただきましょうか？

653

Mmm... I love this dish.
んー、これとっても好き。

654

What kind of *tempura* is this?
これはなんの天ぷら？

Knock Test ● Track 161

上のトレーニングのトラックは「問いかけ→ポーズ→回答例」の順となっていますが、このノックテストは「問いかけ→ポーズ」のみのトラックです。自分の回答をテンポよく答えてください。

食事も会話も共有する本番 Sharing a Meal ■Chapter 4

Coach's Advice

今回は僕がゲストとして座席の場所、そして食べるタイミングを主催者に合わせましたが、ゲストが望ましくない席に座ってしまったり、食べるタイミングを間違えてしまうこともよくあります。そんなときは Have a seat here. や Let's not start yet. などを使って、主催者として指示してくださいね。

▼ Model Replies

My pleasure. I hope you like these dishes.
どういたしまして。料理を気に入ってもらえるといいけれど。

How about here? It's called the "birthday seat."
ここはどう？「お誕生日席」と言います。

I hope we have enough.
足りるといいんだけど。
▶ このような気の利いたリプライも実は難しい単語を使わずに言える。I hope... は一般的に「〜と願う」の意味でだが、日本語の「〜かな」のニュアンスを出すこともできる便利な英語表現。

Yes. Let's begin. "Itadakimasu."
ええ。いただきましょう。いただきます。

That's one of my favorites too.
それは私も大好きな料理です。

It's a mushroom called *maitake*.
マイタケというキノコですよ。

649　650　651　652　653　654

本番14 自宅での食事に友だちを招待

和食や自分の用意した料理を一緒に食べるときの表現を日→英でトレーニングしよう。

● Track 162

よく使う表現　　ノック　------→　あなたのAnswer

655 ビルドアップでチャレンジ

日本ではみんな「いただきます」と言います。

656

日本では誰もが食べる前に「いただきます」と言います。

657

日本では誰もが食べる前に「いただきます」と言います。それはお祈りのような一言です。

658

何を飲みますか？

659

緑茶はいかがですか？

660

お味はどうですか？

661

味つけはどうですか？

662

お醤油をちょっとつけるとおいしいですよ。

Knock Test ● Track 163

上のトレーニングのトラックは「問いかけ→ポーズ→回答例」の順となっていますが、このノックテストは「問いかけ→ポーズ」のみのトラックです。自分の回答をテンポよく答えてください。

食事も会話も共有する本番 Sharing a Meal ■Chapter 4

Coach's Advice 日本では靴を脱ぐことやお箸を使うなどということよりも、みんなが揃ってから一斉に食事を始めるという習慣があまり知られていません。これはとても重要なことなので、ぜひ相手に伝える表現を覚えて使ってね。

▼ Model Answers

In Japan, people say "Itadakimasu."

In Japan, before anyone eats, people say "Itadakimasu."

In Japan, before anyone eats, people say "Itadakimasu." It's like a one word prayer.

What would you like to drink?
▶ ノックNo.309の復習です。

Would you like some green tea?

How do you like the taste?
▶ 「お口に合いますか？」もこの表現でカバーできる。そして「〜はどう？」にはHow about...？よりHow is...？かHow do you like...？がよい。

How do you like the seasoning?

It's good with a little soy sauce.

本番14 自宅での食事に友だちを招待

> では、和食について聞きます。最初はおおまかにひとこと、次に補足をプラスして説明してみて。 ● Track 164

よく聞かれる質問　ノック　→　あなたのReply

（天ぷらを指しながら）
What's this dish?
この料理は何ですか？

- 663　大きな概念で1文
- 664　プラス補足で1文

（豚汁を指しながら）
What's this soup?
このスープは何ですか？

- 665　大きな概念で1文
- 666　プラス補足で1文

（大根の漬物を指しながら）
What's this dish?
この料理は何ですか？

- 667　大きな概念で1文
- 668　プラス補足で1文

キッチン道具について

（炊飯器を指しながら）
What's this machine?
この機械は何ですか？

- 669　大きな概念で1文
- 670　プラス補足で1文

Knock Test ● Track 165

上のトレーニングのトラックは「問いかけ→ポーズ→回答例」の順となっていますが、このノックテストは「問いかけ→ポーズ」のみのトラックです。自分の回答をテンポよく答えてください。

食事も会話も共有する本番 Sharing a Meal ■Chapter **4**

Coach's Advice ここでも、p.112「街を観光案内する」で紹介した **Big To Small テクニック**が使えます。使っている具材や調理方法、味つけなどについて詳細な説明ではなく、会話として自分の言いたいポイントをスムーズに言うことができたらgood.。

▼ Model Replies

It's a fried vegetables and fish.
野菜や魚をフライにしたものです。

And I like to add curry spice to the batter.
私は衣をカレー風味にするのが好きです。

It's a healthy pork and vegetable soup.
ヘルシーな豚肉のスープです。

And the broth is made from a soybean paste called *miso*.
スープは味噌という大豆のペーストを使っています。
▶ broth は肉、野菜、魚などを煮出したスープのこと。broth の発音ヒントは［ゥ**ラウス**］。

It's pickled vegetable.
野菜の漬物です。
▶「ピクルス」はハンバーガーなどに入っている酢漬けの緑色の漬物を指す。日本の漬け物を言いたいときは pickled-... を使う。

It's a vegetable called *daikon*.
大根という野菜です。
▶ さらに補足する場合は → It might be a little salty.「ちょっとしょっぱいかもしれません」。

This is a very useful kitchen item in Japan.
日本のとても便利な料理道具です。

It makes perfectly boiled rice automatically.
自動でおいしいお米が炊けます。
▶ rice cooker とひとことで説明できてしまうこともあるかもしれないが、具体的な内容を説明できるとさらに good.。

| 663 | 664 | 665 | 666 | 667 | 668 | 669 | 670 |

本番 14 自宅での食事に友だちを招待

あなたの自宅で、僕が和食をごちそうになります。盛りつけ（presentation）をほめたり、料理について聞いたりするね。

Track 166

Long Rally 11 往復　相手の問いかけ ─────▶ あなたのReply

671
It looks delicious.
おいしそう！

672
The presentation of Japanese food is wonderful.
日本料理の盛り付けは素晴らしいですね。

673
OK. Let's begin.
では、食べましょう。

674
"Itadakimasu." Mmm... I like this taste and texture. What kind of *tempura* is this?
いただきます。んー、この味と食感が好きです。これは何の天ぷらですか？

675
And what kind of *tempura* is that?
それから、あれは何の天ぷらですか？

676
I'll try these pickled-vegetables. What's this one?
この野菜の漬物を食べてみますね。これは何ですか？

677
Mmm... it's good.
んー、おいしい。

678
You are good cook.
料理が上手ですね。

679
Do you like to cook?
料理好きなんですか？

680
This Japanese soup smells good. What is it?
この和風スープ、いいにおい。これは何ですか？

681
Oh. I wish I could have this everyday.
毎日でも食べたいです。

Knock Test
Track 167

上のトレーニングのトラックは「問いかけ→ポーズ→回答例」の順となっていますが、このノックテストは「問いかけ→ポーズ」のみのトラックです。自分の回答をテンポよく答えてください。

食事も会話も共有する本番 Sharing a Meal ■Chapter **4**

Coach's Advice 日本の食べ物をうまく説明してみよう。日本語で説明する感覚だと難しい言葉が浮かんでしまって、その英訳を調べても相手にわかりやすい説明になるとは限らない。だから道案内と同じように、最初から詳しく説明しようとしないで大丈夫。すぐに返せるおおまかな説明で伝えてみよう。

▼ Model Replies

Oh, thanks. Well, I hope you like these dishes.
ありがとう。料理を気に入ってもらえるといいんだけど。

Yeah, presentation is one important part of Japanese cuisine.
そうですね。盛り付けは日本の食文化の大切な一部です。

In Japan, before anyone eats, people say "Itadakimasu." It's like a one-word prayer.
日本では誰もが食べる前に「いただきます」と言うんですよ。それはお祈りのような一言です。

It's a mushroom called *maitake*.
マイタケというキノコです。

It's a vegetable called *renkon*.
レンコンという野菜です。

That's a vegetable called *daikon*.
ダイコンという野菜です。

I'm glad you like these typical Japanese dishes.
代表的な和食を気に入ってもらえてうれしいです。

Well, I'm pretty good. But my mother was a much better cook.
得意なほうですけど、私の母のほうが上手でしたよ。

Sometimes. But I prefer to eat. Hahahaha....
ときどきは。でも食べるほうが好きです。ハハハ……。

It's a healthy pork and vegetable soup called *tonjiru*. *Ton* means pig. *Jiru* means soup. It has pork and some vegetables.
豚汁というヘルシーな豚肉と野菜のスープです。「トン」が豚、「ジル」がスープという意味で、豚肉と野菜が入っています。

I'll make it for you anytime. And I'll give you the recipe.
いつでも作ってあげますよ。レシピもさしあげます。

| 671 | 672 | 673 | 674 | 675 | 676 | 677 | 678 | 679 | 680 | 681 |

本番 15 仕事帰りにバーで一杯

では2/3くらいのノックを達成したのでLet's have a drink! ここでは仕事の後の一杯を想定して、バーで今日の疲れをねぎらう会話をラリーしてみよう。

● Track 168

Short Rally 6 往復

相手の問いかけ → あなたのReply

682 バーのカウンターに着席して

Shall we start with a beer?
まずは、ビールからにしましょうか。

683

OK. Could you tell the bartender? I don't speak Japanese.
わかりました。バーテンダーに伝えてもらえますか。日本語を話せないので。

684 飲み物がきて

Well, here's to another good day at work.
では、おつかれさま。
（直）今日も仕事が無事に終わったことに。

685

Cheers!
カンパイ！

686

Let's get some finger food. What would you like?
おつまみを注文しましょう。何がいいですか？

687

OK. I'd like some Japanese finger food too. What Japanese snack food goes with beer?
いいですね。私も日本のおつまみがいいです。日本のスナックでビールに合うものは何ですか？

Knock Test ● Track 169

上のトレーニングのトラックは「問いかけ→ポーズ→回答例」の順となっていますが、このノックテストは「問いかけ→ポーズ」のみのトラックです。自分の回答をテンポよく答えてください。

食事も会話も共有する本番 Sharing a Meal ■Chapter 4

▼ Model Replies

Actually, I think I'll have a glass of red wine.
やっぱり私は赤ワインにしようと思います。
▶ Actuallyは「実は」という意味ばかりではなく、会話の流れをソフトにするのに大活躍。「やっぱり」の意味にもなる。

Sure. No problem. Just a sec. "Sumimasen."
もちろん。いいですよ。ちょっと待ってくださいね。すみません。

To another good day at work.
おつかれさま。
▶ 返すときにはこのようにHere'sを省略することが多い。

Cheers!
カンパイ。

Anything is OK with me. How about a cheese plate?
何でもいいですよ。チーズの盛り合わせなんてどうでしょう。

Oh, there are so many things! I'll order for us.
たくさんありますよ。私が注文しますね。

本番 15 仕事帰りにバーで一杯

お酒の席で注文した後のスモールトークは必須。そのきっかけになる表現や、お酒を楽しむ定番の表現をマスターしよう。

Track 170

よく使う表現

688 やっぱり私は赤ワインにしようと思います。

689 （カンパイのひとこと）
では、今日も仕事おつかれさま！

690 まずはビールからにしましょうか。

691 おつまみを注文しましょうか。

692 次は何にしましょうか？

693 スモールトークのきっかけになる表現
普段は何を飲みますか？

694 仕事はどうですか？

695 日本酒を試したことはありますか？

Knock Test Track 171

上のトレーニングのトラックは「問いかけ→ポーズ→回答例」の順となっていますが、このノックテストは「問いかけ→ポーズ」のみのトラックです。自分の回答をテンポよく答えてください。

食事も会話も共有する本番 Sharing a Meal ■ Chapter **4**

Coach's Advice ここで表現を少し整理しましょう。「〜しない?」「〜しましょうか?」と相手にすすめるニュアンスの表現は Why don't we... ?。一方 Shall we...? は少しだけすすめるニュアンスを含みつつも丁寧に聞くときの表現。日本の敬語ほど厳しい使い分けではないけれど整理しておこうね。

▼ Model Answers

I think I'll have a glass of red wine.
▶ I think... やactuallyを使うことで日本語の「やっぱり」のようなニュアンスになる。

Here's to another good day at work!
▶「お疲れさま」とまったく同じ意味ではないが、似たようなタイミングでよく使う定番のカンパイフレーズ。

Shall we start with a beer?

Shall we get some finger foods?
▶ 応用表現:Shall we sit at the bar?「バー(カウンター)に座りましょうか?」

What shall we have next?
▶ What shall we...? やWhat should we...?が相談をもちかけるときの丁寧表現。

What do you usually drink?
▶「普段は」だけでなく「いつもは」もusuallyで。What do you always drink/eat?とはあまり言わないのでusuallyのほうがよい。

How's work?
▶ 応用表現:How's your family?「ご家族はどうですか?」

Have you ever tried Japanese sake?

| 688 | 689 | 690 | 691 | 692 | 693 | 694 | 695 |

本番 15 仕事帰りにバーで一杯

一緒にお酒を飲む相手は友だちかもしれないし、会社の同僚、もしかすると取引先のお客さんなんてこともありそうですね。自分なりに会話してみて。

Track 172

よく聞かれる質問　ノック ────▶ あなたの Reply

696
Shall we start with a beer?
まずはビールからにしましょうか？

697
What do you usually drink?
普段は何を飲みますか？

So what drink shall we have next?
次の飲み物は何にしましょうか？

- **698** 任せると返事して
- **699** 好みの飲み物をリクエスト

700
How was your day today?
今日はどうでしたか？

How's your family?
ご家族はいかがですか？

- **701** 「元気です」＋家族の一名について1文で
- **702** 「元気です」＋みんな相変わらずを1文で

Knock Test Track 173
上のトレーニングのトラックは「問いかけ→ポーズ→回答例」の順となっていますが、このノックテストは「問いかけ→ポーズ」のみのトラックです。自分の回答をテンポよく答えてください。

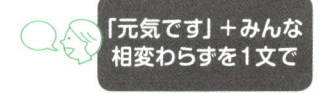

食事も会話も共有する本番 Sharing a Meal ■ Chapter 4

Coach's Advice
「あなたのいいように」や「お任せします」と言いたいときは、It depends on you. とは言いません。正しくは It's up to you. さらに強調するなら It's totally up to you. で。

▼ Model Replies

That sounds good. Wait... Sorry... Actually, I think I'll have a glass of wine.
いいですね。待って……すみません。やっぱり私はワインにしようと思います。

At home, I have a beer with dinner or after my evening bath. On the weekends, I like to have Scotch.
家では、夕食のときかお風呂あがりにビールを飲みます。週末はスコッチを飲むのが好きです。

It's up to you. What would you like next?
お任せします。あなたは何にしにしたいですか？

I think I'll have a Scotch on the rocks. How about you?
スコッチのロックにしようと思います。あなたは？
▶ このように飲み物には冠詞のaがあってもなくてもどちらも自然な表現。

It was the same as everyday, but I got a lot of things done today. How about you?
いつもと変わらないけれど、今日はたくさんのことが片づきました。あなたは？

Good. My son is busy preparing for an important entrance exam.
元気です。息子が大事な入学試験の準備で忙しくしています。

Good. Everyone's doing their thing. How about you?
元気です。みんな自分のことをやっていますよ。あなたは？
▶ Nothing has changed.「相変わらずです」とそのまま言ってもOK。

本番 15 仕事帰りにバーで一杯

Let's have a drink and chat. 家族や今日の出来事についてのスモールトークもうまく返して、僕とのこの12往復も最後までがんばって。

● Track 174

Long Rally 12往復

相手の問いかけ → あなたのReply

相手が待ち合わせ時間に遅れて

703
Oh! I'm sorry I'm late.
おっと！ 遅れてすみません。

704
Shall we start with a beer?
まずはビールからにしましょうか。

705
OK. Could you tell the bartender? I don't speak Japanese.
わかりました。バーテンダーに伝えてもらえますか。日本語を話せないので。

706
And, shall we get some finger food? What would you like?
おつまみを注文しましょうか。何がいいですか？

707
Oh, I'd like that green Japanese bean... It's a snack.
そうですねぇ。私は緑色の日本のマメの……おつまみで……。

708
注文が終わってスモールトークへ

So how was your day today?
それで、今日はどうでしたか？

709
I had a good day at the office. Do you drink with your co-workers often?
今日は会社でいい1日でした。会社の仲間とはよく飲んだりしますか？

710
Oh, here are our drinks.
お、飲み物が来ましたよ。

711
So here's to another good day!
では、おつかれさま！

712
So how's your family?
それで、ご家族はいかがですか？

713
My sister just lost her job, actually.
実は、妹（姉）が失業してしまって。

714
Well, let's hope the economy gets better around the world. Cheers!
まぁ、世界中の景気がよくなるように願いましょう。カンパイ！

Knock Test Check! ● Track 175

上のトレーニングのトラックは「問いかけ→ポーズ→回答例」の順となっていますが、このノックテストは「問いかけ→ポーズ」のみのトラックです。自分の回答をテンポよく答えてください。

食事も会話も共有する本番 Sharing a Meal ■ Chapter 4

Coach's Advice 人と食事しながら時間を過ごすときに、How is/was...？か Tell me about... の問いかけをしてみてください。例えば、How was your day? や Tell me about your summer vacation. など。そして How is your family? と Tell me about your family. も同じように使えます。

▼ Model Replies

No problem. I haven't been wait that long.
大丈夫ですよ。そんなに長く待っていませんし。

Actually, I think I'll have a glass of red wine.
やっぱり私は赤ワインにしようと思います。

Sure. No problem. Just a sec. "Sumimasen!"
もちろん。いいですよ。ちょっと待ってくださいね。 すみません。

Anything is OK with me. How about a cheese plate?
なんでもいいですよ。チーズの盛り合わせなんてどうでしょう。

I think you mean *edamame*. I'll order that.
枝豆のことじゃないですかね。注文しますね。

Oh, it was the same as everyday, but I got a lot of things done. How about you?
いつもと変わらないけれど、今日はたくさんのことが片づきました。あなたは？

Sometimes. We get together for special occasions, like New Years, year-end parties or farewell parties.
ときどき。特別なときに集まるんです。新年会や忘年会、それから送別会のようなときですね。

Yeah. This one's mine. And this is yours. Here.
そうですね。これが私で、これがあなたのですね。はい、どうぞ。

To another good day!
おつかれさま！

Good. My son is busy preparing for an important entrance exam.
いいですよ。息子が大切な入試の準備で忙しくしています。

Oh. I'm sorry to hear that.
それは、残念です。

Cheers! Yeah. Let's hope so.
カンパイ！そうですね、そうなるといいですね。

| 703 | 704 | 705 | 706 | 707 | 708 | 709 | 710 | 711 | 712 | 713 | 714 |

Speed Challenge 7

テレポトレーニング ▶▶▶▶ 参加に登録する

ノック	回答例
715 Good morning? おはようございます。	※ Good morning.
716 I'll register you. 登録しますね。	※ Thanks.
717 First name? 名前は？	※ Kei.
718 Spelling? スペルは？	※ K-E-I.
719 Last name? 苗字は？	※ Saito.
720 Spelling? スペルは？	※ S-A-I-T-O.
721 Any nickname? ニックネームはありますか？	※ No. / Just Kei.
722 OK. What year were you born? 生まれた年は？	※ 1978.
723 What month? 何月？	※ May.
724 What date? 何日？	※ Twenty-third.
725 And your age? 年齢は？	※ Thirty-six.
726 What country were you born in? 生まれた国は？	※ Japan.

✓ **Knock Test**   715 | 716 | 717 | 718 | 719 | 720 | 721 | 722 | 723 | 724 | 725 | 726
● Track 177

Speed Challenge ■ Chapter 4

旅行先でのツアーの申し込みや、ボランティアやセミナーの申し込みを想定して以下のノックにテンポよく一気に答えて。24 ノック続けていきます。

● Track 176

ノック	回答例
727 What city? 町は？	※ Chiba.
728 Sorry. Would you say that again? すみません。もう一度いいですか？	※ Oh, sure. Chiba.
729 OK. What country do you live in now? わかりました。今は住んでいる国はどこですか？	※ Japan.
730 What city do you live in now.? 今住んでいる町は？	※ Osaka.
731 What's the address? 住所は？	※ 1-1 Senbondani-Cho, Yamakawa-Shi, Osaka.
732 OK. Are you in good health? わかりました。健康ですか？	※ Yes.
733 Do you have any serious illnesses? 何か大きな病気を持っていますか？	※ No.
734 Are you taking any special medicine? 何か特別な薬を使っていますか？	※ No.
735 How tall are you? 身長は？	※ About 160 centimeters.
736 How much do you weigh? 体重は？	※ About 50 kilograms.
737 Eye color? 目の色は？	※ Black. / Brown.
738 Hair color? 髪の色は？	※ Black. / Brown.

➡ 最後に……シャッフルノック（少しテンポも早くなるよ）

✓ Check! **Knock Test** 727 728 729 730 731 732 733 734 735 736 737 738

Speed Challenge 8

計算ノック ▶▶▶▶ Figures and numbers

英語で数字をサッと言えるようになろう。計算して答えを言うノックと数字を答えるノックを投げるよ。

● Track 178

ノック	Answer
739 What's 10 plus 30?	40
740 What's 70 plus 30?	100
741 What's 50 plus 50?	100
742 What's 15 plus 50?	65
743 What's 10,000 plus 50,000?	60,000
744 What's 150,000 minus 10,000?	140,000
745 About how much is an airplane ticket from Tokyo to Hawaii in Japanese yen? 東京からハワイまでの航空券はおよそいくらくらいですか？	※ About 80,000 yen.
746 About how much is lunch at a typical restaurant in Japan? 日本のレストランでのランチはおよそいくらくらいですか？	※ About 1,000 yen.
747 And, about how much is 1,000 yen in American dollars? 1000円はアメリカドルでおよそいくらくらいですか？	※ About 10 dollars.
748 About how much is 10,000 yen in American dollars? 10,000円はアメリカドルでおよそいくらくらいですか？	※ About 100 dollars.
749 What's 15% of 20 dollars? 20ドルの15%は？	3 dollars.
750 What's 15% of 50 dollars? 50ドルの15%は？	7 dollars and 50 cents.

✓ **Knock Test**   ● Track 179

739	740	741	742	743	744	745	746	747	748	749	750

Knocks 751 - 1000

Chapter 5

海外旅行の
お決まり本番
Travel

- 基礎準備 旅行の必須会話セット (→ p.174)
- 本番12 空港からタクシーに乗るまで (→ p.178)
- 本番13 ホテルのでの会話 (→ p.188)
- 本番14 カフェとショッピングを楽しむ (→ p.196)
- 本番15 突撃 海外でのトラブル回避術 (→ p.204)
- Speed Challenge (→ p.218)

Chapter 5 基礎準備

旅行の必須会話セット

Unit 1 「すみません」的表現をすっきり整理 　日→英

Coach's Advice
「すみません」には役割がたくさんある。お礼の「すみません」、声をかけるときの「すみません」など、サッと言えるようになろう。

Track 180

▼しおり

751
（親切にされて）
すみません。
→ **Thanks.**
▶親切にされたときの「すみません」はI'm sorry.ではなくThanks.で。

752
（忘れ物を届けてくれるなどの大きな親切に対して）
どうもすみません。
→ **Thanks a lot.**
▶ちょっとしたものを渡してもらうなどの小さな親切はThanks.で、大きな親切に対してはこれ。十分にていねい。

753
（道をあけてくださいの）
すみません。
→ **Excuse me.**

754
（人に声をかけるときの）
すみません。
→ **Excuse me.**
▶「ちょっといいですか」などのニュアンスを出すには最初のEの［エ］の音を強調してのばす。

755
（ごめんくださいの）
すみませーん。
→ **Excuse me.**
▶Meの［ミー］でのばす。相手が近くにいる状況では、音をのばさなくてもわかるはず。

✓ Knock Test Track 181

| 751 | 752 | 753 | 754 | 755 |

ノックテストは「問いかけ→ポーズ」のみのトラックです。自分の回答をテンポよく答えてください。

Unit 2 Thanks & Sorry 合戦

Coach's Advice: 謝りの具合によってSorry.の表現方法を変えられるようになろう。そして後半は旅行の定番会話のひとつ連続Thanks.を言うQuick Rallyにチャレンジ。

Track 182

756 （ちょっと謝るときの）すみません。
→ **Sorry about that.**
▶ 親切にされたときの「すみません」はThanks.で、ミスをしたときの「すみません」はsorryを使う。

757 （さらに深く謝るとき）申し訳ありません。
→ **I'm so sorry about that.**

758 （軽く）あ、ごめん。
→ **Oh, sorry.**
▶ 日本語の「ゴメン」ほどカジュアルではないので普通に使ってOK。

759 （取りこみ中の人に声をかけるときに）恐れ入ります。
→ **Sorry to bother you.**

760 （なんども呼び出して）たびたびすみません。
→ **Sorry to bother you again.**

買い物や食事によくあるシーンで、Thanks.またはThanks a lot.を返す練習をしてみよう。テキストを見ないで、音だけを聞いて返すタイミングもゲットしよう。

761 Quick Rally 旅行先での連続Thanks.をテンポよく返してみよう。

OK. Here is your receipt. → (Thanks.) → Have a nice day. → (Thanks.)

762
OK. Here's your receipt. → (Thanks.) → Have a nice day. → (Thanks.)
Enjoy your vacation. → (Thanks.) →
Oh, don't forget your shopping bag! → (Thanks a lot.)

763
Here's your salad. → (Thanks.) → And dressing. → (Thanks.)
And some chop sticks for you. → (Thanks a lot.) →
Enjoy. → (Thanks.)

Knock Test 756 | 757 | 758 | 759 | 760 | 761 | 762 | 763
Track 183

Unit 3 要求をていねいに伝える超便利表現 日→英
May I have ＋欲しいもの

Coach's Advice Track 184

欲しいもの＋pleaseは乱暴に「これ、くれ」のように聞こえてしまうことがある。それを卒業してMay I have...?のパワーフレーズを使えるようになろう。

▽しおり

764
これをいただけますか？
→ **May I have this?**
▶ 遠くにあるものを指すときは、May I have that?＋指差しで。レストランなどで「隣の人が召し上がっているのをください」などのように使える。

765
ひとつください。
→ **May I have one?**
▶ ふたつほしいときはMay I have two?「ふたつください」。Two, please. より感じがよい。

766
（洋服屋さんなどで）
もっと小さいサイズをください。
→ **May I have a smaller size?**
▶ 大きいサイズを聞くときはMay I have a bigger size?

767
お代わりをください。
→ **May I have some more?**

768
このホテルの名刺をください。
→ **May I have this hotel's business card?**

769
毛布をください。
→ **May I have a blanket?**

770
安くしていただけますか？
→ **May I have a discount?**
▶ Discount, please. でも通じるがちゃんと言う場合はこれ。

771 **Quick Rally**

Hi. → (Hi.) → What would you like today? → (May I have...?を使って)
OK. Just a moment. → (Sure.) → Here you are. → (Thanks.)

✓ **Knock Test** Track 185
764 | 765 | 766 | 767 | 768 | 769 | 770 | 771

Unit 4 要求をていねいに伝える超便利表現 日→英
May I have + 欲しい情報

Coach's Advice May I have...？はものや要求だけでなく、情報を尋ねることもできる。教えてほしい情報を丁寧に質問できるように頑張って。

● Track 186

772 次のバスの時間を教えていただけますか？
→ **May I have the time for the next bus?**

773 次のショウの時間を教えていただけますか？
→ **May I have the time for the next show?**

774 私のチェックアウトの時間を教えていただけますか？
→ **May I have the time for my check-out?**

775 （航空券を差し出しながら）私のフライトは何時かおわかりですか？
→ **May I have the time for my flight?**

776 ホテルの住所を教えていただけますか？
→ **May I have the hotel's address?**

777 これとこれで合計いくらになりますか？
→ **May I have the total for this and this?**

778 お名前を教えていただけますか？
→ **May I have your name?**
▶ What's your name?より丁寧。

779 メールアドレスを教えていただけますか？
→ **May I have your email address?**
▶ 営業時間を聞くときはoperating hoursで聞くとよい。What time do you close?などもOK。

✓ **Knock Test** 772 773 774 775 776 777 778 779
● Track 187

本番16 空港からタクシーに乗るまで

最初は日本から外国に出かける際に欠かせない入り口、入国管理局でのショートラリーから。僕が入国審査官になってノックを打つよ。

● Track 188

Short Rally 7 往復

相手の問いかけ → あなたのReply

入国管理局にて

780
How are you today?
今日は調子はいかがですか?

781
Good, thanks. May I have your passport, please?
いいです。ありがとう。パスポートをお願いします。

782
So where did you come from today?
それで、今日はどこから来たのですか?

783
How many days are you staying in the U.S.?
アメリカ合衆国には何日間滞在しますか?
▶ アメリカのことはU.S.Aではなくてthe U.S.と言うのが一般的。Theをつけるのを忘れないように。

784
Are you here on a business trip?
ここへは出張で来たのですか?

785
What kind of job do you have in Japan?
日本ではどのような仕事をしていますか?

786
Did anyone help you pack your suitcase or did you pack yourself?
荷造りは誰かに手伝ってもらいましたか、それともひとりでやりましたか?

Knock Test
● Track 189

上のトレーニングのトラックは「問いかけ→ポーズ→回答例」の順となっていますが、このノックテストは「問いかけ→ポーズ」のみのトラックです。自分の回答をテンポよく答えてください。

海外旅行のお決まり本番 Travel ■ Chapter 5

Coach's Advice

入国管理局などでは、相手は必ずしも実用的な質問ばかりではなく、あなたの人相を探るためにちょっとした会話をすることもある。そこであまり答えが返せないでいると逆効果。トラブルのもとにもなりかねないので笑顔でどうどうと話すほどうまくいくはず。

▼ Model Replies

Good. Thank you. How are you, sir?
いいですよ。ありがとうございます。あなたはいかがですか？

▶ 文末にsirをつけるとていねい度が増す。警察などのofficer「役人」によく使う。相手が女性のときはma'am。

Here you are.
はい。どうぞ。

From Japan. From Osaka.
日本です。大阪からです。

I'm gonna stay for just four days.
4日間だけ滞在します。

No. I'm visiting some friends in New York.
いいえ。ニューヨークの友人を訪ねに行きます。

I don't work now. I'm retired. I used to work for a computer company.
今は働いていません。定年しました。以前はコンピューターの会社で働いていました。

I packed everything myself.
全部ひとりで荷造りしました。

▶ 特に税関でよく聞かれる質問。

本番 16 空港からタクシーに乗るまで

空港を突破しても、そこからさらに移動しなくてはいけません。ではタクシー乗り場で列に並びましょう。Let's do two Short Rallies.

● Track 190

Short Rally 5往復　相手の問いかけ → あなたのReply

同じ飛行機に乗っていた人とタクシー乗り場で

787 I had a long flight today. How about you?
今日は長いフライトでした。あなたは？

788 Is this your first time here?
ここに来るのは初めてですか？

789 Oh. Here's the next taxi. Go ahead.
おっと。次のタクシーが来ましたよ。お先にどうぞ。

790 Have a nice vacation.
よいバケーションを。

791 B'bye.
では。

Short Rally 5往復　相手の問いかけ → あなたのReply

タクシードライバーとの会話：ABCホテルに行きたいと伝えてから行き方とおよその料金を確認しましょう

792 Good afternoon. Where are you going today?
こんにちは。今日はどちらまで行かれますか？

793 Of course. I know that place very well.
もちろんです。その場所はよく知っています。

794 It would be about 40 dollars, depending on the traffic.
交通状況によりますが、40ドルくらいになります。

795 I'll put your bags in the trunk.
トランクにかばんを入れますね。

796 Let me open the door for you.
ドアをお開けしますね。

Knock Test
● Track 191

上のトレーニングのトラックは「問いかけ→ポーズ→回答例」の順となっていますが、このノックテストは「問いかけ→ポーズ」のみのトラックです。自分の回答をテンポよく答えてください。

Coach's Advice 海外にまで行って、単なる観光客としての会話しかしないのはもったいないですね。ここで少し練習すれば近くにいる人と何往復の会話ができるようになるはず。そして、タクシーに乗るときには、必ず行きかたと、およその料金を確認してから乗りましょう。

▼ Model Replies

Yeah. Me too. I feel sleepy.
ええ。私もです。眠いです。

No. This is my third time. I hope it will be the best time.
いいえ。今回で3回目です。今回がいちばん楽しめるといいなと思っています。

Really? Thanks a lot.
本当ですか？　どうもありがとうございます。

You too. Thanks.
あなたも。ありがとう。

B'bye.
では。

▼ Model Replies

I'd like to go to the ABC Hotel. Do you know the way?
ABCホテルに行きたいのですが。行きかたを知っていますか？

OK. About how much would it be?
わかりました。いくらくらいになりますか？

OK. Let's go.
わかりました。行きましょう。

Thanks a lot.
ありがとうございます。

Oh. Thanks.
ありがとう。

本番16 空港からタクシーに乗るまで

乗ってからでは遅い。必ずタクシーに乗り込む前に下の3ステップをマスターしよう。

Track 192

よく使う表現　　ノック　→　あなたのAnswer

797 タクシーに乗る前の必須確認3ステップ

[Step1] ABCホテルに行きたいのですが。

798

[Step2] 行きかたはわかりますか？

799

[Step3] いくらくらいになりますか？

800 3ステップで空港まで

XYZ空港に行きたいのですが。行きかたはわかりますか？　そしていくらくらいになりますか？

801 3ステップでショッピングモールまで

リンカーン・ショッピングモールに行きたいのですが。行きかたはわかりますか？　そしていくらくらいになりますか？

802 Quick Rally　ABC Museum に行きたいとタクシードライバーに話しかけて。

💬 → OK. No problem. → 💬 →
Yes. Of course. → 💬 → About 40 dollars.

803

クレジットカードは使えますか？

804

電話番号の入った名刺をいただけますか？

▶ 気に入ったドライバーであれば、また呼び出せるようにこのように名刺をもらっておくと便利。待ち合わせは降ろしてもらった場所を利用するとミスがなくてよい。

Knock Test
Check!　Track 193

上のトレーニングのトラックは「問いかけ→ポーズ→回答例」の順となっていますが、このノックテストは「問いかけ→ポーズ」のみのトラックです。自分の回答をテンポよく答えてください。

Coach's Advice Can I... ? と May I...? このふたつはカジュアルか丁寧かという表現の違いもありますが、もうひとつ大事な違いがあります。可能かどうか、ルールとしてできるかどうかのときは Can I... ? を使います。例えば、Can I take a picture here? など。

▼ Model Answers

I'd like to go to the ABC Hotel.

Do you know the way?
▶ Do you know how to get there? もよく使う。

About how much would it be?
▶ About how many minutes will it take from here? 「ここから何分くらいで着きますか？」も覚えておくと便利。

I'd like to go to the XYZ airport. Do you know the way? And about how much would it be?

I'd like to go to the Lincoln Shopping Mall. Do you know the way? And about how much would it be?

I'd like to go to the ABC museum. ➡ わかりました。大丈夫ですよ。 ➡ Do you know the way? ➡ はい。もちろん。 ➡ About how much would it be? ➡ 40ドルくらいです。

Can I use my credit card?

May I have a business card with your phone number?

本番 16 空港からタクシーに乗るまで

入国管理局やタクシーの中など、外国からやってきたお客さんによく聞かれる質問にチャレンジしよう。

Track 194

よく聞かれる質問　ノック　──▶　あなたの Reply

Are you here on a business trip?
ここへは出張で来たのですか？

805　Yes.+1文で補足
806　No.+1文で補足

What kind of job do you have in Japan?
日本ではどのような仕事をしていますか？

807　仕事について話して
808　定年退職したときのことを答えて

Where did you come from today?
今日はどこから来ましたか？

809　日本から直行便で来たと伝えて
810　韓国から乗り継いで来たと伝えて

タクシーなどの中で

Are you warm enough?
暖かさは十分ですか？

811　Yesの場合
812　Noの場合

Knock Test
Check! ● Track 195

上のトレーニングのトラックは「問いかけ→ポーズ→回答例」の順となっていますが、このノックテストは「問いかけ→ポーズ」のみのトラックです。自分の回答をテンポよく答えてください。

海外旅行のお決まり本番 Travel ■ Chapter **5**

Coach's Advice よく聞かれる質問には自分の得意な回答を作ってください。僕も、「どこで日本語覚えたの？」と年に数十回聞かれます。だから情報としてだけではなく少しだけ気の利いた返事ができるようにしました。特に自分の仕事については皆さんも気の利いた回答を準備しておくといいですよ。

▼ Model Replies

Yes. I'm attending a conference in Texas.
そうです。テキサスで行われる会議に出席します。

No. I'm visiting some friends in New York.
いいえ。ニューヨークの友人を訪ねに行きます。

I work for a company called Sukiyaki Exports. I help with sales.
スキヤキエクスポートと言う会社で働いています。営業をやっています。

I don't work now. I'm retired. I used to work for a computer company.
今は働いていません。定年しました。以前はコンピューターの会社で働いていました。

From Japan. From Haneda Airport in Tokyo.
日本からです。東京の羽田空港からです。

From Seoul Korea. I started in Japan and I transferred in Seoul.
韓国のソウルからです。日本から出発してソウルで乗り継ぎました。
▶ さらに具体的には、It was ABC airline, flight 123. のように航空会社名と便番号をつけ足すとわかりやすい。

Yes. Actually, I'm too warm. Could you turn off the heat?
はい。実は暖かすぎるくらいです。ヒーターをとめてもらえますか？

No. Could you turn up the heat?
いいえ。ヒーターの温度を上げてもらえますか？

| 805 | 806 | 807 | 808 | 809 | 810 | 811 | 812 |

本番 16 空港からタクシーに乗るまで

自分からタクシーの運転手に話しかけて、XYZ映画館まで行く12往復にチャレンジ。観光客がよく聞かれる質問を聞くので本番前に準備しよう。

● Track 196

Long Rally 12往復 相手の問いかけ → あなたのReply

813 あなたからタクシードライバーに話しかけて

(XYZ movie theaterに行きたいのですが)

814 OK. No problem.
わかりました。大丈夫ですよ。
では、行きかたを確認

815 Yes. Of course.
はい。もちろん。
およその料金を確認

816 About 30 dollars. Is that OK?
30ドルくらいです。よろしいですか?

817 OK. Please get in and close the door.
わかりました。では、乗ってドアを閉めてください。

818 So, is this your first time in New York?
ニューヨークに来られたのは初めてですか?

819 So, why did you decide to come to New York?
なぜニューヨークに来ようと思ったのですか?

820 How do you like New York?
ニューヨークはどうですか?

821 Well, here's the XYZ movie theater.
XYZ映画館に着きましたよ。

822 The fare is 24 dollars and 50 cents.
料金は24ドル50セントになります。

823 Oh. Thank you. Would you like a receipt?
ありがとうございます。領収書はいりますか?

824 Enjoy your visit in New York and enjoy your movie.
ニューヨークと映画を楽しんでくださいね。

Knock Test
● Track 197

上のトレーニングのトラックは「問いかけ→ポーズ→回答例」の順となっていますが、このノックテストは「問いかけ→ポーズ」のみのトラックです。自分の回答をテンポよく答えてください。

海外旅行のお決まり本番 Travel ■ Chapter 5

Coach's Advice 日本に住むようになって、アメリカのシステムで「めんどくさいなぁ」と感じるのは特にチップの制度。日本では、チップがなくてもかなりしっかりしたサービスをしてもらえますしね。面倒だけれども、チップにはコツがあるので、下にあるアドバイスをうまく使ってみてくださいね。

▼ Model Replies

I'd like to go to the XYZ movie theater.
XYZ映画館に行きたいのですが。

Do you know the way?
行きかたはわかりますか？

About how much would it be?
いくらくらいになりますか？

OK. That's fine.
ええ。大丈夫です。

OK. Sure.
はい。いいですよ。
▶ アメリカやヨーロッパなど欧米のタクシーは日本のように自動でドアが開閉しないので自分で閉める。

No. It's my second time. I first came about ten years ago.
いいえ。2回目です。1回目は10年前に来ました。

My friend lives here so I'm spending my winter vacation with my friend.
友人がここに住んでいるので冬休みを友人と過ごそうと思いまして。

It's great. I really like the atmosphere here. The city is so exciting.
すばらしいです。ここの雰囲気が大好きなんです。街がエキサイティングですよね。

Oh. That was fast.
早かったですね。

OK. Here's 30 dollars. Keep the change.
わかりました。30ドルです。おつりは取っておいてください。
▶ チップの金額は大まかにどんぶり勘定で計算すると、かかった金額が25ドル以下10ドル以上であれば5ドル札で、かかった金額が40〜55ドルは10ドルチップだと相手はよろこぶはず。

No. Thanks.
いいえ。大丈夫です。
▶ ほしいときはYes, please.で。

Thanks a lot. Have a nice day.
ありがとう。よい1日を。

本番 17 ホテルでの会話

ホテルにチェックインする6往復。聞かれる内容はシンプルなことなので、よく聞いてサッと答えられるようにしよう。

Track 198

Short Rally 6往復　相手の問いかけ → あなたのReply

825

Welcome. Are you checking in today?
ようこそ。今日はチェックインですか？

826

May I have your last name?
苗字をいただけますか？

827

May I have the spelling?
スペルをいただけますか？

828

OK. I found it. May I have a credit card, please?
わかりました。ありました。クレジットカードをよろしいですか？

829

Thanks. So how many room keys will you need?
ありがとうございます。部屋の鍵はいくつ必要でしょうか？

830

OK. Here you are. And enjoy your stay.
わかりました。はい、どうぞ。ごゆっくりどうぞ。

Knock Test
Track 199

上のトレーニングのトラックは「問いかけ→ポーズ→回答例」の順となっていますが、このノックテストは「問いかけ→ポーズ」のみのトラックです。自分の回答をテンポよく答えてください。

海外旅行のお決まり本番 Travel ■ Chapter **5**

Coach's Advice

今までの海外旅行で、ホテルのチェックインの時にホテルの人と何往復のやり取りができましたか？ まずここで6往復、そしてこの後のLong Rallyでは12往復にチャレンジ。最後には自分からHave a nice day.などと言ってみよう。

▼ Model Replies

Yes. That's right.
はい。そうです。

Sure. It's Saito.
はい。斉藤です。

Sure. S-A-I-T-O.
はい。S-A-I-T-Oです。

Sure. Here you are.
はい。どうぞ。

Two, if that's okay.
ふたつ、もしできれば。
▶ 文末にif that's OK.は「できれば」「可能であれば」「無理でないようであれば」のようなニュアンスの便利なことば。

Thank you. Have a nice day.
ありがとうございます。よい1日を。
▶ 自分から別れ際に「よい1日を」などを言ってみよう。

本番 17 ホテルでの会話

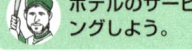

ホテルのサービスや地元の情報を聞くのに便利なフレーズを日→英でトレーニングしよう。

Track 200

よく使う表現　ノック　→　あなたのAnswer

831
どこでよいお土産が買えますか？

832
朝食は何時から何時までですか？

833
このあたりの地図をもらえますか？

834
WiFiはどこで使えますか？

835
街でいちばんいい交通手段はなんでしょうか？

836
両替するのにいちばんいい場所はどこでしょうか？

837
レストランは何時から何時まで開いてますか？

838 最寄りの場所を訪ねる3連発。いっきに3ついきますよ。

①最寄りの銀行はどこにありますか？／
②最寄りのコンビニはどこにありますか？／
③最寄りの地下鉄の駅はどこにありますか？

Knock Test　Track 201

上のトレーニングのトラックは「問いかけ→ポーズ→回答例」の順となっていますが、このノックテストは「問いかけ→ポーズ」のみのトラックです。自分の回答をテンポよく答えてください。

Coach's Advice 海外旅行の会話術として、実はあなたが質問上手になることがあります。漠然とした5W1Hの単位ではなく、まとまった単位で表現を覚えておこう。例えばWhere can I get...？やWhere is the nearest...？など。

▼ Model Answers

Where can I get good souvenirs?

From what time to what time is breakfast?

May I have a map of this area?

Where can I get WiFi?
▶ WiFiはwirelessでも通じる。Where can I use WiFi?も通じるがWhere can I get WiFi?はズバリどこで受信可能かを聞く表現。

What's the best way to get around the city?

Where is the best place to change money?
▶ 具体的に伝える場合は、Where is the best place to exchange yen for dollars?「円をドルに両替するのによい場所はどこでしょうか？」。

From what time to what time is the restaurant open?

**Where is the nearest bank? /
Where is the nearest convenience store? /
Where is the nearest subway station?**

本番 17 ホテルでの会話

せっかくだから同じホテルに宿泊している人々やホテルのスタッフと会話してみよう。旅行先で聞かれそうなノックを投げるので頑張って返して。

Track 202

よく聞かれる質問　ノック　→　あなたのReply

How do you like your room?
お部屋はいかがですか？

- 839 気に入っている事とその理由を伝えて
- 840 まぁまぁという事とその理由を伝えて

Where do you plan to go today?
今日はどこへ行く予定ですか？

- 841 行くところをひとつ答えて
- 842 まだ決まっていないと答えて

So what did you do today?
今日は何をしましたか？

- 843 大まかに1日の感想を言おう
- 844 したことを羅列して言おう

Did you find any good souvenirs?
よいお土産は買えましたか？

- 845 Yes.＋1文で補足
- 846 No.＋1文で補足

Knock Test
Track 203

上のトレーニングのトラックは「問いかけ→ポーズ→回答例」の順となっていますが、このノックテストは「問いかけ→ポーズ」のみのトラックです。自分の回答をテンポよく答えてください。

Coach's Advice この本番もホテルだけの会話ではありません。旅行先ではさまざまな人に出会うはず。よく行くカフェやホテルのスタッフといつでも英会話ができるようにいくつかの回答のパターンを練習してみよう。

▼ Model Replies

Good. I love the view.
いいですよ。景色が気に入っています。

Not bad. It's a little noisy in the morning, actually.
悪くはないんですが、実は朝ちょっとうるさいんですよね。

I'm going on a sightseeing tour by bus. The bus is supposed to be here already. What should I do?
バスで観光ツアーに行く予定です。もう来ているはずの時間なのですが、どうしたらいいでしょうか?
▶ ずっと待っているより、このようにフロントに相談したり電話してもらったりしましょう。

I'm not sure yet. If it doesn't rain, I'll go to Knock Park.
まだわからないんです。雨が降らなければ、ノック公園に行こうと思います。

This and that. It was a busy day, even though I'm on vacation.
いろいろ。かなり忙しい1日でした。バカンスなのにね。

I did three things. First I went sightseeing. Then, I had lunch at a seaside café. Then, I went shopping.
3つの事をしました。まず観光に行って、そして海沿いのカフェでランチをして、それから買い物に行きました。
▶ このように、「3つの事」を羅列することによって、しっかりした構成になり、相手にとってもわかりやすい。連続文章を言い切れるようにがんばってください。

Yeah. I got some cookies at a bakery next door.
ええ、隣のベーカリーでクッキーを買いましたよ。

Not yet. I'll get something at the airport.
まだなんです。空港でいくつか買おうと思ってます。

本番 17 ホテルでの会話

では、ホテルをチェックアウトするときの12往復。部屋の感想やサービスについてもノックを投げるので、自分なりに宿泊したホテルを想像して答えてみて。

● Track 204

Long Rally 12往復　相手の問いかけ ────▶ あなたの Reply

ホテルをチェックアウトする

847
G'morning.
おはようございます。

848
So you are checking out today, right?
今日はチェックアウトですね。

849
I'm sorry but may I have your name again, please?
申し訳ございませんが、もう一度お名前をいただけますか?

850
OK. Here it is. I'll print your bill… Just a sec.
わかりました。ありました。請求書を印刷しますので、少々お待ち下さい。

851
Here is the bill. Does everything look OK?
こちらが請求書になります。間違いはないでしょうか?

852
OK. I'll take care of everything and charge it to your credit card, OK?
わかりました。では後はお任せください。代金はクレジットカードにチャージさせていただきます。よろしいですか?

853
By the way, how did you like your room?
ところで、お部屋はいかがでしたか?

854
I see. Well, how was the housekeeping?
なるほど。ハウスキーピングはいかがでしたか?

855
I see. Well, here is your receipt.
わかりました。はい、こちらが領収書になります。

856
Do you need a taxi to take you to the airport now?
今、空港までタクシーをお使いになられますか?

857
OK. Thank you for staying with us.
かしこまりました。ご利用いただきありがとうございました。

858
I hope you come back again real soon.
またのご利用をお待ちしております。

Knock Test ● Track 205
Check!

上のトレーニングのトラックは「問いかけ→ポーズ→回答例」の順となっていますが、このノックテストは「問いかけ→ポーズ」のみのトラックです。自分の回答をテンポよく答えてください。

Coach's Advice

お客さんとしてただ用件を伝えるだけではなく、余裕が出てきたら次のステップは難しいことばを使うことではなく、この Rally のように話の合間に相手と会話をすること。もちろん、時差ぼけなどで疲れているときなどは無理しなくて大丈夫。常に1文以上で返す心の準備があると意外とうまくいくかも。

▼ Model Replies

G'morning.
おはようございます。

Yes. That's right.
はい。そうです。

Sure. It's Kei Saito. S-A-I-T-O.
はい。斎藤ケイです。S-A-I-T-Oです。

Thanks a lot.
ありがとうございます。

Just a sec. Yes, I think so.
ちょっと待ってくださいね。はい、大丈夫だと思います。

Alright. Thanks.
わかりました。ありがとうございます。

It was good. It would've been nice to have a bigger bathtub. People from Japan like big bathtubs.
よかったです。大きな浴槽があってよかったです。日本からのお客は大きな浴槽が好きですよ。

Everything was fine. They were helpful.
すべて問題なかったです。助かりました。

Thank you.
ありがとう。

Yes. That would be good.
はい。助かります。

Thank YOU.
こちらこそ、ありがとうございました。

Maybe I will. Have a nice weekend.
また利用したいと思います。よい週末を。

本番 18 カフェとショッピングを楽しむ

旅行先でちょっとコーヒーブレイク。現地のカフェに入ってとても短いことばで成立するコーヒーのオーダーの7往復にチャレンジしてみよう。

● Track 206

Short Rally 7 往復   相手の問いかけ ────► あなたのReply

859

Hi. And welcome to Starknocks.
こんにちは。スターノックスへようこそ。

860

Is this for here or to go?
こちらでお飲みになりますか？ それともテイクアウトですか？

861

OK. What would you like to drink?
わかりました。お飲み物は何になさいますか。

862

And what size would you like?
それから、サイズはどうされますか？

863

Would you like soy milk, an extra shot of espresso or anything extra in your drink?
豆乳、エキストラエスプレッソなどのトッピングはいかがされますか？

864

OK. That'll be 4 dollars and 25 cents. Cash or credit card?
わかりました。4ドル25セントになります。現金とキャッシュどちらになさいますか？

865

OK. And here's your order. Enjoy.
わかりました。では、商品はこちらになります。お楽しみください。

Knock Test ● Track 207

上のトレーニングのトラックは「問いかけ→ポーズ→回答例」の順となっていますが、このノックテストは「問いかけ→ポーズ」のみのトラックです。自分の回答をテンポよく答えてください。

▼ Model Replies

Thanks.
ありがとう。

For here.
ここで飲みます。

I'll have a cappuccino.
カプチーノをお願いします。

A medium.
ミディアムで。

No thanks.
結構です。

I'll use my card. Here you are.
カードにします。これです。

Thanks.
ありがとう。

本番18 カフェとショッピングを楽しむ

ショッピングで使う表現を日→英でトレーニングしよう。また上手なショッピングや交渉のコツも身につけよう。

Track 208

よく使う表現

ノック → あなたのAnswer

866 ショッピングの交渉必須2ステップ

[Step1] Tシャツを3枚買おうと思っているんです。

867

[Step2] いくらくらいになりますか？

▶「これが欲しいんだけど、値引きして」と単刀直入に言うよりこちらがおすすめ。

868 プライベートツアーについて2ステップで交渉

家族だけのプライベートツアーを考えているんですが。
いくらくらいになりますか？

869 レンタカーについて2ステップで交渉

オープンカーを2日間レンタルしようと思っているんですが。
いくらくらいになりますか？

870 ビルドアップにチャレンジ

これ、試着できますか？

871

どこで試着できますか？

872

すみません。どこで試着できますか？

873 店員さんに違うものを持ってきてもらう3連発。いっきに3ついきますよ。

①もっと小さいサイズはありますか？
②違う色はありますか？
③違う模様のものはありますか？

Knock Test Check! Track 209

上のトレーニングのトラックは「問いかけ→ポーズ→回答例」の順となっていますが、このノックテストは「問いかけ→ポーズ」のみのトラックです。自分の回答をテンポよく答えてください。

Coach's Advice トラブル回避のコツ！ p.182のタクシーに乗る前の確認3ステップで練習したように、ショッピングでも実際に買う前に値段や条件を確認できるようになろう。会計のときに金額を言われてびっくり、なんてことにならないようにこの2ステップで事前確認が重要。

▼ Model Answers

I'm thinking about buying three T-shirts.

About how much would that be?

I'm thinking about a private tour for my family. About how much would that be?

I'm thinking about renting a convertible for two days. About how much would that be?

Can I try this on?

Where can I try this on?

Excuse me. Where can I try this on?

Do you have a smaller size? /
Do you have a different color? /
Do you have a different design?

本番18 カフェとショッピングを楽しむ

ショッピングでは、洋服のサイズについての会話や支払いのタイミングで思わぬミニトラブルがあることも……。ここではよくあるケースのノックを投げるので対応できるようになろう。

● Track 210

よく聞かれる質問　ノック ────▶ あなたのReply

874 ブティックにて

What's your shirt size?
シャツのサイズはいくつですか？

875

How about your shoe size?
靴のサイズはいくつですか？

試着をしてみて

876 買う場合の返事をして

That looks good on you.
よくお似合いですよ。

877 買わない場合の返事をして

ショッピングのトラブル対応

878 では現金で払います

I'm so sorry but we don't accept this credit card.
大変申し訳ございませんが、このクレジットカードは使えません。

879 ではやめておきます

880 ではお願いします

We're out of stock. We can order it and send it to Japan for you.
在庫を切らしておりまして。取り寄せて日本にお送りすることができます。

881 ではやめておきます

✓ Knock Test
Check!　● Track 211

上のトレーニングのトラックは「問いかけ→ポーズ→回答例」の順となっていますが、このノックテストは「問いかけ→ポーズ」のみのトラックです。自分の回答をテンポよく答えてください。

海外旅行のお決まり本番 Travel ■ Chapter 5

Coach's Advice 買うときの返事や、何か引き受けるときのYes.の返答は簡単ですが、断るとなるとつい、No, no, no.と連呼してしまったり、No thank you.だけになってしまうかもしれないので、ここで上手な断り表現も練習しましょうね。That's OK.やThanks anyway.はとても便利。

▼ Model Replies

I'm a medium or a small.
MサイズかSサイズです。

I'm a 24 in Japanese sizes and I think I'm a 7 in U.S. sizes.
日本のサイズだと24でアメリカのサイズだと7だと思います。

Thanks. OK. I'll take it.
ありがとうございます。よーし、買います。

Thanks. But I think I'll pass. Something's not right.
ありがとうございます。でも今回はやめておきます。ちょっと違うかなぁと思って。

Then I'll pay with cash.
では現金で払います。

Then I think I'll pass. Thanks anyway.
ではやめておきます。せっかくですけど。

If you are sure that you can send it to Japan, I'll take it.
確実に日本に送ってもらえるのであれば、買います。

That's OK. But thanks anyway.
大丈夫です。でもありがとうございます。

本番 18 カフェとショッピングを楽しむ

ではショッピングに行こう。最初は洋服屋さんへ、次はお土産物やさんへ。それぞれの場所で店員に声をかけれるので、うまく対応してね。

Track 212

Short Rally 5 往復

相手の問いかけ ▶ あなたのReply

(1) 洋服屋さんでしつこい店員さんをソフトに断る

882 Hi, there. How are you today?
こんにちは。今日は（調子は）いかがですか？

883 Good. Can I help you find something today?
いいですよ。今日なにかお探しのものがあればお手伝いいたしますよ。

884 Are you looking for yourself or someone else?
ご自分用に何かお探しですか？　それとも贈りものですか？

885 Well, we have some new designs in sweaters and scarfs over there.
こちらに新作のセーターとスカーフがありますので。

886 OK. My name is Benjamin. I'll be over here.
わかりました。私はベンジャミンと言います。ここにおりますので。

Short Rally 6 往復

相手の問いかけ ▶ あなたのReply

(2) お土産屋さんで試食して買ってみよう

887 These chocolates are very popular with our Japanese customers.
このチョコレート、日本のお客さんにとても人気ですよ。

888 Would you like to try some?
食べてみますか？

889 Here you are.
どうぞ。

890 How do you like it?
いかがですか？

891 We have a small size and this bigger size in a box with gift-wrapping. Which would you like?
小さいサイズとこの大きなサイズの箱入りでラッピングしたものがございます。どちらがよろしいですか？

892 Okay I'll get that. And I'll meet you at the register, okay?
かしこまりました。用意いたします。レジにお進みいただけますか？

Knock Test

Track 213

上のトレーニングのトラックは「問いかけ→ポーズ→回答例」の順となっていますが、このノックテストは「問いかけ→ポーズ」のみのトラックです。自分の回答をテンポよく答えてください。

Coach's Advice 海外の洋服屋さんやレストランなどには、日本と比べると少ししつこい店員さんがいるかもしれません。I'll call you if I need anything. などをスムーズに、笑顔で言えるようになるとショッピングなどもずいぶん楽になると思いますよ。

▼ Model Replies

Good, thanks. And you?
いいです。ありがとうございます。あなたは？

No, thanks. I'm just looking.
大丈夫です。見ているだけなので。

I haven't decided yet.
まだ決めていません。

OK. I'll call you if I need anything.
わかりました。必要になったら声をかけますので。

Thanks, Benjamin.
ありがとう、ベンジャミンさん。

▼ Model Replies

Oh, really?
本当に？

Yeah... If that's okay.
ありがとうございます。もし大丈夫なようであれば。

Thanks a lot.
ありがとうございます。

Good. I like the texture.
いいですね。食感が好きです。

I'll have the bigger box with gift-wrapping. Can I have three?
大きい方のラッピングしてあるものでお願いします。3ついただけますか？
▶ 値段を交渉できそうなお店だったら、p.198のショッピングの交渉必須ステップを使ってみよう。

Okay. Thanks a lot.
わかりました。ありがとうございます。

突撃 本番 19 　海外でのトラブル回避術

旅行先にもよるけれど、何かをいきなり押し売りされたり、しつこく「買わないか」と言い寄られることもある。そんな場面で使える感じのよい断りかたフレーズを日→英でトレーニングしよう。

Track 214

きっぱり断る表現　ノック　▶　あなたのAnswer

893
（ソフトに）
大丈夫です。

894
（普通に）
結構です。

895
（少しきっぱりと）
結構です。

896
せっかくだけどありがとう。

897
すみません。ちょっと時間ないんで。

898　それでもしつこく近づいてきたら……
（下がっての意味で）
近いよ！

899
（私に）
触らないで。

900
ほっといてください。

Knock Test　Check!　Track 215
上のトレーニングのトラックは「問いかけ→ポーズ→回答例」の順となっていますが、このノックテストは「問いかけ→ポーズ」のみのトラックです。自分の回答をテンポよく答えてください。

海外旅行のお決まり本番 Travel ■ Chapter **5**

Coach's Advice

この本番は3つのトラブルを想定してそれぞれをうまくかわす会話術を身につけよう。最初のトラブルは①キャッチセールス、p.208 〜は②現地の犬に関するトラブル、p.212 〜は③ホテルの部屋や自分に何かおきたときの対応をトレーニングするよ。

▼ Model Answers

I'm good.
▶「私は元気です」ではなく、「大丈夫です。何もいりません」のフレーズ。

No, thanks.

No, thank you.
▶ もちろんソフトに言うこともあるが、強くこれを言うことでしっかりとした断りの表現になる。

Thanks anyway.

I'm sorry. I'm a little busy.

Get back!

Get your hands off me!

Please leave me alone.

突撃本番 19 海外でのトラブル回避術

ローカルな公園を散歩していたら、いきなり声をかけられます。何かを売りたいようだけれど、ここはきっぱりしかも感じよく断るようにノックを返してみて。

Track 216

Short Rally 4往復　相手の問いかけ → あなたのReply

キャッチセールスに声をかけられる（1）

901
Hey, my friend!
ヘイ、フレンド。

902
You want some designer clothes at a good price?
お買い得なブランドの洋服はいかがですか？

903
Here. Take a flyer... with a coupon.
どうぞ。フライヤーをお持ちください。クーポン付きです。

904
OK. B'bye.
オッケー。では。

Short Rally 4往復　相手の問いかけ → あなたのReply

キャッチセールスに声をかけられる（2）

905
Are you from Japan? Kon-nichiwa!
日本から来たのですか？　コンニチワ。

906
Here. Try this.
どうぞ。試してみて。

907
It's free to try. You try it, if you like it, you buy it.
試すだけならタダですよ。試してみて、気に入ったら買ってください。

908
OK. Have a nice day.
わかりました。よい1日を。

Knock Test ✓ Check!　Track 217

上のトレーニングのトラックは「問いかけ→ポーズ→回答例」の順となっていますが、このノックテストは「問いかけ→ポーズ」のみのトラックです。自分の回答をテンポよく答えてください。

海外旅行のお決まり本番 Travel ■ Chapter **5**

Coach's Advice 断り方の基本は前ページの「結構です」の表現。「ノーノーノーノー」は卒業して、goodを使ったノーマルな断りの対話をしてみよう。最低限のキャッチボールで断ってからもし悪い人でない場合は別れ際のあいさつもできるとよいかも。

▼ Model Replies

Hi.
どうも。

No, thanks.
いえ、結構です。

I'm good. Thanks anyway.
大丈夫です。せっかくですけどありがとう。
▶ 「ノーサンキュー、ノーサンキュー」よりちゃんと会話が成立している断り方。不安だったらもちろん日本語でも大丈夫。

B'bye.
では。

▼ Model Replies

Yeah. I'm from Japan.
ええ。日本から来ました。

No, thanks.
結構です。

I'm good. Thanks anyway.
大丈夫です。せっかくだけど。

Thanks. You too.
ありがとう。あなたも。

突撃本番 19 海外でのトラブル回避術

次のトラブルは犬にまつわるもの。旅行先で現地の犬を散歩している人と話すことがあるかもしれない。そんなときに対応できるフレーズを日→英でトレーニングしよう。

Track 218

トラブル回避表現　ノック　→　あなたのAnswer

909
（あなたの犬は）噛みますか？

910
大丈夫ですか？

911
（あなたの犬を）なでても大丈夫ですか？

912
かわいい犬ですね。

913
どうしましょう。

914
おそらく警察を呼んだほうがいいかもしれません。

さらに強く主張するには……

915
やはり警察を呼びたいんですが。

916
謝られて「いいですよ／大丈夫です」などと言えない場合の表現は？

Knock Test
Track 219

上のトレーニングのトラックは「問いかけ→ポーズ→回答例」の順となっていますが、このノックテストは「問いかけ→ポーズ」のみのトラックです。自分の回答をテンポよく答えてください。

Coach's Advice

前半ではトラブル回避の事前確認表現ゲット。後半では、個人間で解決するのが難しいときに使える表現です。多くの地域では警察は観光客の味方のはずなので、困ったらやはり警察を呼んでトラブルを解消することをおすすめします。

▼ Model Answers

Does your dog bite?

Are you OK?
▶ 人とぶつかってしまったときなどには「すみません」ではなくこのAre you OK?を言えるようになろう。

Is it okay if I pet your dog?
▶ 事前に聞いてみる。タクシーもショッピングも同じようなトラブル回避の会話術を学びましたね。

What a cute dog!

What should we do?

Maybe we should call the police.
▶ 警察のほかにもthe manager「管理者」やthe security guard「警備員」などを呼ぶかもしれない。

I'd like to call the police.

I see.
▶ 相手に非があり謝られて、「いいよ」と言えないときに使う表現。

本番 19 海外でのトラブル回避術

犬のトラブルで謝らない飼い主や自分の非を認めない人とのやりとりをしてみよう。2パターンの飼い主で Short Rally をやってみるよ。

● Track 220

Short Rally 5 往復

相手の問いかけ ----→ あなたのReply

(1) 犬に料理を食べられちゃった!?
オープンカフェで食事をしていたら犬があなたの料理を食べてしまいました……。

917 Down boy! DOWN! DOWN!
降りなさい！

918 I'm so sorry!
すみません。

919 Well, my dog didn't eat ALL of your food.
でも、全部食べてしまったわけではないですし……。

920 Really!?
本当に？

921 Well, I said I'm sorry.
謝ったのに……。

Short Rally 6 往復

相手の問いかけ ----→ あなたのReply

(2) 犬を散歩している人と事前確認をしてからミニトーク

922 Oh, my dog likes you!
あら。うちの犬があなたの事が好きみたい。

923 She's very friendly. She doesn't bite.
とてもフレンドリーで、噛みませんよ。

924 You can pet her. Go ahead.
撫でても大丈夫ですよ。

[名前を聞いて]

925 Her name is Mimi.
ミミです。

[何歳か聞いて]

926 She is seven years old.
7歳です。

927 Well, see you later.
では、また。

Knock Test
● Track 221

上のトレーニングのトラックは「問いかけ→ポーズ→回答例」の順となっていますが、このノックテストは「問いかけ→ポーズ」のみのトラックです。自分の回答をテンポよく答えてください。

Coach's Advice ここでは、狭く「犬のトラブル」と考えないでくださいね。何かがあって、相手が謝らない、相手が非を認めないときのラリーです。このようなときは、すぐに警察ではなく係員を呼んで対応してみましょう。必要に応じて、英語で自己主張してみて下さい。

▼ Model Replies

Oh, my!
うわあ。

What should we do?
どうしましょうか。
▶「大丈夫です」と声をかけるときもあるが、そうでないときはWhat should we do?が妥当。

Maybe we should call the waiter.
おそらくウェイターを呼んだほうがいいかもしれません。

Yeah. I'd like to call the waiter.
ええ。ウェイターを呼びたいんですが。

I see. But I can't eat this now.
わかりますよ。でも私はこれじゃ食べれませんし。

▼ Model Replies

Yes. Does your dog bite?
ええ。噛みますか？

Oh, that's good. Is it okay if I pet her?
よかった。撫でても大丈夫ですか？

What's your dog's name?
名前は何ですか？

How old is she?
何歳ですか？

Well, she's a such a good girl.
とてもいい子ですね。

See you later. Take care.
ではまた。お気をつけて。

突撃本番 19 海外でのトラブル回避術

ホテルの部屋のトイレがつまって水があふれています。これは大変。フロントデスクに電話して見に来てもらいましょう。

● Track 222

Short Rally 6往復 相手の問いかけ ▸ あなたのReply

928 ホテルの部屋のトイレから水があふれる

📞 Hello. Front desk.
もしもし。フロント・デスクです。

929

📞 Are you okay? Are you hurt, or is someone hurt?!
大丈夫ですか？ 怪我はしていませんか？ だれか怪我をしていませんか？

930

📞 I'll call housekeeping. Just a moment.
ハウスキーピングを呼びますので、少々おまちください。

931

📞 Okay. And I'll come to your room right now.
かしこまりました。今すぐお部屋に向かいますので。

932

📞 Bye for now.
失礼します。

933 ホテルのスタッフが到着して……

トントン（ドアをたたく音）　　　誰か確認してください

✓ Knock Test ● Track 223

上のトレーニングのトラックは「問いかけ→ポーズ→回答例」の順となっていますが、このノックテストは「問いかけ→ポーズ」のみのトラックです。自分の回答をテンポよく答えてください。

Coach's Advice 海外でのトラブル時には電話も大切。ピンチのときこそ、シンプルで即戦力のある表現を使ってみよう。特にこの表現がオススメ I have a problem with + [モノ / 体の部分など]。次のページでしっかり応用できるようになろう。

▼ Model Replies

I need help. I have a problem with my toilet!
助けてください。トイレの調子が悪いんです。

I'm okay, but I have a problem with my toilet. It's flooding.
私は大丈夫なのですが、トイレの調子が悪くて。水があふれているんです。

Please hurry.
急いでください。

That would be good.
助かります。

Bye for now.
では。

Who is it?
どなたですか？

突撃本番 19 海外でのトラブル回避術

自分の体に何かあったとき、助けを求めたり、具合の悪いことを正しく伝える表現を日→英でトレーニングしよう。

Track 224

体のトラブル便利表現

934 助けてください。

935 トイレの調子が悪いんです。

936 お腹の調子が悪いんです。

937 部屋のエアコンの調子が悪いんです。

938 （指さしながら）ここが調子悪いんです。

939 父の足の調子が悪いんです。

940 痛いです。

941 （指さしながら）ここが痛いです。

942 急いでください。

943 ノックされたときに相手を確認する表現は？

Knock Test Track 225

上のトレーニングのトラックは「問いかけ→ポーズ→回答例」の順となっていますが、このノックテストは「問いかけ→ポーズ」のみのトラックです。自分の回答をテンポよく答えてください。

海外旅行のお決まり本番 Travel ■ Chapter 5

Coach's Advice 頭が真っ白になってもこのI have a problem with... でダイレクトに問題のあることを伝えて、それで問題がしっかり伝われば、解決はよりぐううんとスムーズになります。problemは直訳「問題がある」だけでなく「調子が悪い」としても使えることば。

▼ Model Answers

I need help.

I have a problem with my toilet.

I have a problem with my stomach.

I have a problem with the air conditioning in my room.

I have a problem here.
▶ 調子の悪い体のパーツを指させば、世界中誰にでも通じる。

My father has a problem with his leg.

It hurts.
▶ 頭が痛いときにはpainよりも、hurtのほうが「痛む」が通じやすい。

It hurts here.

Please hurry.

Who is it?

突撃本番 19 海外でのトラブル回避術

最後のLong Rallyです。ホテルの部屋にいるときに、急にお腹が痛みだしました。フロントデスクに電話して医者を呼んでもらいましょう。

● Track 226

Long Rally 12 往復　相手の問いかけ　→　あなたのReply

944
Hello. Front desk. How can I help you?
こんにちは。フロントデスクです。どうしましたか？

945
I'll come to you room immediately. Just a moment.
すぐにお伺いします。少々おまちくださいね。

946
コンコン（ドアをたたく音）

947
It's John. From the front desk.
フロントデスクのジョンです。

948
Hello... a doctor is coming.
こんにちは。医者が向かっていますので。

949
Do you have any blood in your mouth or on your body anywhere?
口や体で出血しているところはありませんか？

950
Can you walk?
歩くことはできますか？

951
We have a wheelchair. And the doctor will be here soon.
車イスはあります。医者はもうすぐ来ますので。

952
コンコン（ドアをたたく音）**That's the doctor.**
医者です。

953
Hello. I'm doctor Burns.
こんにちは。医者のバーンズです。

954
Where does it hurt? Show me.
どこが痛みますか？　教えてください。

955
When did it start to hurt?
いつから痛みますか？

✓ Knock Test
● Track 227

上のトレーニングのトラックは「問いかけ→ポーズ→回答例」の順となっていますが、このノックテストは「問いかけ→ポーズ」のみのトラックです。自分の回答をテンポよく答えてください。

海外旅行のお決まり本番 Travel ■ Chapter 5

Coach's Advice 海外でお腹が痛くなったら、I have a problem here./I have a problem with stomach. そしてその後に、助けを求めた人と最低限何往復かの会話キャッチボールをしよう。そのときに使える簡単な表現、実践的なトレーニングをこなしておけばいざというときも大丈夫。

▼ Model Replies

I have a problem with my stomach. I need a doctor.
お腹が痛むんです。医者を呼んでもらえますか？

OK. Thanks.
はい。ありがとうございます。

Who is it?
どなたですか？

Come in.
入ってください。

Oh, that's good.
よかった。

No. I don't.
いいえ。ありません。

I'm not sure. Do you have a wheelchair?
わかりません。車イスはありますか？

OK. I'll just stay here, OK?
はい。ここにいます。いいですか？

Good.
よかった。

Hello.
こんにちは。

It hurts here.
ここが痛みます。

It started to hurt this morning around 10 am.
今朝の10時ごろから痛みだしました。

Speed Challenge 9

テンポトレーニング ▶▶▶ 空港にて

> 本番では入国審査にチャレンジしたけれど、ここでは Quick 応対トレーニングがメイン。実際に税関で聞かれる質問は国や空港によって異なる。テンポよく答えて。

Track 228

ノック / **回答例**

956 Hello.
こんにちは。。
※ Hello.

957 Are you a tourist?
観光客ですか？。
※ Yes. / No.

958 Are you from China?
中国から来たのですか？
※ Yes. / No. I'm from Japan.

959 OK. All your bags here?
わかりました。あなたの荷物はすべてここにありますか？
※ Yes.

960 Any commercial items?
販売用商品は入っていますか？
※ No, sir.

961 OK. Any presents for friends?
友人への贈りものは入っていますか？
※ Yes. / No.

962 You don't have any commercial items?
販売用商品は入っていないですね？
※ No.

963 Any plants?
植物は入っていますか？
※ No, sir.

964 Any animals?
動物はいますか？
※ No, sir.

965 Any chemicals?
化学薬品は入っていますか？
※ No.

966 OK have a nice day.
よい1日を。
※ Thanks.

967 B'bye.
では。
※ B'bye.

➡ 最後に……シャッフルノック（少しテンポも早くなるよ）

✓ **Knock Test** Track 229
| 956 | 957 | 958 | 959 | 960 | 961 | 962 | 963 | 964 | 965 | 966 | 967 |

Speed Challenge 10
発音ノックの応用 ▶▶▶▶ 文章編

数字のビートをヒントにして文章をテンポよく言ってみよう。

Track 230

ノック	Answer
968 ④ お手洗いはどこですか？	Where's the bathroom?
969 ④ クレジットカードをどうぞ。	Here's my credit card.
970 ⑤ お手洗いを使ってもよろしいですか？	May I use your bathroom?
971 ⑤ マクドナルドは閉まっています。	McDonald's is closed.
972 ⑤ スターバックスを見つけました。	I found a Starbucks.
973 ⑥ マクドナルドは開いています。	McDonald's is open.
974 ⑥ マクドナルドは開いてますか？	Is McDonald's open?
975 ⑥ スターバックスを見つけられません。	I can't find a Starbucks.
976 ⑥ アイスコーヒーは好きですか？	Do you like iced coffee?
977 ⑥ 私のクレジットカードが見つかりません。	I can't find my credit card.
978 ⑦ スターバックスはどこで見つけることができますか？	Where can I find a Starbucks?
979 ⑧ 先にお手洗いに行ってもよろしいですか？	May I go to the bathroom first?

➡ シャッフルノック！ 文がどんどん短くなります。

✅ **Knock Test**　968　969　970　971　972　973　974　975　976　977　978　979
Track 231

Speed Challenge 11

名言ビルドアップ

著名な言葉をビルドアップ方式で言ってみよう。文章が少しずつ長くなるので、最後まで言えるように頑張って。 ● Track 232

Do what you can, where you are, with what you have now. (セオドア・ルーズベルト大統領)

980 できる。 〈ノック〉

You can... 〈Answer〉

981 できることをしなさい

Do what you can...

982 できることをしなさい、あなたがいるところで

Do what you can, where you are...

983 できることをしなさい、あなたがいるところで、あなたの持っているもので

Do what you can, where you are, with what you have...

984 できることをしなさい、あなたがいるところで、今あなたの持っているもので。

Do what you can, where you are, with what you have now.

To avoid criticism, say nothing, do nothing, be nothing. (アリストテレス)

985 批判 〈ノック〉

Criticism... 〈Answer〉

986 批判をさけるなら

To avoid criticism...

987 批判をさけるなら、何も言うな。

To avoid criticism, say nothing...

988 批判をさけるなら、何も言うな。何もするな。

To avoid criticism, say nothing, do nothing...

989 批判をさけるなら、何も言うな。何もするな。何者にもなるな。

To avoid criticism, say nothing, do nothing, be nothing.

✓ Knock Test ● Track 233

980	981	982	983	984	985	986	987	988	989

Speed Challenge 12

あたまと口をやわらかく
▶▶▶▶▶ 否定文で言い換えノックと早口ノック

否定文をうまく使いこなせると表現力もグンとアップする。知っている単語を駆使して下の表現を英語にしてみよう。そして最後は早口ノックにチャレンジしてみよう。

否定文で言い換えノック

ノック / Answer / Track 234

990 昨晩は徹夜でした。
I didn't sleep last night.
（直）昨晩は一睡もしていません。

991 残業です。
I can't leave the office.
（直）オフィスから出られません。

992 ななめです。
It's not straight.
（直）まっすぐではありません。

993 ネクタイがずれてますよ。
Your tie is not straight.
（直）ネクタイがまっすぐではありません。

994 ジャケットの襟がたってますよ。
Your jacket is not right.
（直）ジャケットがまっすぐではありません。

早口ノック Tongue Twister　Track 236

- **Round 1** 少しずつ長くなる
- **Round 2** 2回続けて
- **Round 3** 12秒以内に何回言えるか

A cup of proper coffee in a proper copper coffee cup.
ちゃんとした銅のコーヒーカップに入っている、ちゃんとした一杯のコーヒー。

995 Round 1　**996** Round 2　**997** Round 3

Robin runs rings round Roman ruins.
ロビンがローマの遺跡のまわりを走りまわった。

998 Round 1　**999** Round 2　**1000** Round 3

Knock Test
Track 235/237

990 | 991 | 992 | 993 | 994 | 995 | 996 | 997 | 998 | 999 | 1000

著者紹介（プロフィール）

スティーブ・ソレイシィ (Steve Soresi)

アメリカ、ワシントンD.C.出身。早稲田大学大学院政治研究科修了。1990年初来日。岐阜県の学校で英語指導助手を務める。「外国人のための日本語弁論大会」で優勝して以来、テレビほかで活躍。NHK教育テレビ『スティーブ・ソレイシィのはじめよう英会話』などで人気を博す。また自らが日本語を習得したときの学習法を基に、多数の日本人に英語を教えた経験もプラスして独自の英会話学習アプローチも開発。主な著書に『英会話なるほどフレーズ100』『英会話ペラペラビジネス100』（以上アルク）、『国際人の英会話学習法』（角川新書）、『耳慣れビクス英会話』（ユーキャン）、『英会話1000本ノック』『英会話1000本ノック入門編』『英会話1000本ノックビジネス編』（コスモピア）など。また、iPhone / Androidのアプリに「スティーブの英会話ペラペラビジネス100」（アルク）などがある。日本の「英語が使える国の仲間入り」を目指して、セミナーや執筆活動をさかんに行っている。2012年4月からNHKラジオ英語『タイムトライアル』の講師を務める。BBT大学教授。公式サイトは http://www.soreken.jp/

英会話1000本ノック 本番直前編

2014年4月10日　第1版第1刷　発行

著者／スティーブ・ソレイシィ

装丁・デザイン／松本田鶴子
表紙イラスト／秋山孝
本文イラスト／中村知史
写真／iStockPhoto、Can Stock Photo Inc. / Leaf

校正／王身代晴樹、Ian Martin
ナレーション／Steve Soresi, Carolyn Miller, 相沢麻美（ZAI OFFICE）
DTP／朝日メディアインターナショナル株式会社

発行人／坂本由子
発行所／コスモピア株式会社
〒151-0053　東京都渋谷区代々木4-36-4　MCビル2F
営業部　TEL: 03-5302-8378　email:mas@cosmopier.com
編集部　TEL: 03-5302-8379　email:editorial@cosmopier.com
http://www.cosmopier.com　　http://www.kikuyomu.com

印刷・製本／株式会社シナノ
録音・音声編集／メディアスタイリスト

©2014 Stephen Soresi

出版案内

コスモピア

英会話1000本ノック
まるでマンツーマンのレッスン！

話せるようになるには「話す練習」が必要。ソレイシィコーチがCDから次々に繰り出す1000本の質問に、CDのポーズの間にドンドン答えていくスタイルの本書なら、沈黙せずにパッと返答する瞬発力と、ことばをつないで会話をはずませる本物のスピーキング力が独学で身につきます。徹底して発話させるCDは画期的。

【本書の内容】
・最重要トップテン定番あいさつノック
・海外旅行中のトップテンノック
・ベイシック文型ノック＋ステップアップ文型ノック
・トピックノック［家族／天気／仕事／健康］
・仕上げノック［海外旅行／英語で面接］他

著者：スティーブ・ソレイシィ
A5判書籍237ページ＋CD2枚（各74分）

定価 本体1,800円＋税

英会話1000本ノック〈入門編〉
5級→1級の進級テスト付き！

『英会話1000本ノック』のCDに収録されているのが質問のみであるのに対し、本書は「質問→ポーズ→模範回答」の順で録音。ポーズの間に自力で答えられないノックがあっても、続けて模範回答が流れてくるので、それに合わせて声を出せばOKです。やさしいノックを、ポンポンとリズミカルにリターンする感覚を身につけましょう。

【本書の内容】
［5級］オウム返し／基本的な主語を使った文
［4級］自分の意見や気持ちを正確に伝える
［3級］こちらから話しかける／何かをお願いする
［2級］わからない個所を聞き返す／自分をアピールする
［1級］親しい間柄で使うフレンドリーな表現

著者：スティーブ・ソレイシィ
A5判書籍184ページ＋CD2枚（72分、71分）

定価 本体1,680円＋税

コスモピア・サポート

いますぐご登録ください！ 無料
「コスモピア・サポート」は大切なCDを補償します

使っている途中でキズがついたり、何らかの原因で再生できなくなったCDを、コスモピアは無料で補償いたします。
一度ご登録いただければ、今後ご購入いただく弊社出版物のCDにも適用されます。

登録申込方法
本書はさみ込みハガキに必要事項ご記入のうえ郵送してください。

補償内容
「コスモピア・サポート」に登録後、使用中のCDにキズ・割れなどによる再生不良が発生した場合、理由の如何にかかわらず新しいCDと交換いたします（書籍本体は対象外です）。

交換方法
1. 交換を希望されるCDを下記までお送りください（弊社までの送料はご負担ください）。
2. 折り返し弊社より新しいCDをお送りいたします。
   CD送付先
   〒151-0053　東京都渋谷区代々木4-36-4
   コスモピア株式会社「コスモピア・サポート」係

★下記の場合は補償の対象外とさせていただきますのでご了承ください。
● 紛失等の理由でCDのご送付がない場合
● 送付先が海外の場合
● 改訂版が刊行されて6カ月が経過している場合
● 対象商品が絶版等になって6カ月が経過している場合
● 「コスモピア・サポート」に登録がない場合

＊製品の品質管理には万全を期していますが、万一ご購入時点で不都合がある「初期不良」は別途対応させていただきます。下記までご連絡ください。

連絡先：TEL 03-5302-8378
　　　　FAX 03-5302-8399
　　　　「コスモピア・サポート」係

全国の書店で発売中！　　www.cosmopier.com

出版案内

英会話1000本ノック〈ビジネス編〉
会話のマナーからプレゼンテクニックまで!

あいさつ、自己紹介から始まり、状況で7段階に使い分けるお礼とお詫びの表現や電話応対を特訓。さらにスケジューリング、大きな単位の数字の攻略、Noをビジネスライクに言う表現、プレゼンまで、1000本ノック方式で練習します。回答例入りと質問のみの、両パターンの音声をMP3形式で用意。

著者:スティーブ・ソレイシィ
A5判書籍218ページ+
CD-ROM
(MP3音声430分)

定価 本体2,000円+税

英会話 超リアルパターン500+〈ビジネス編〉
パターン作戦で電話も会議も乗り切ろう!

シリーズ第2弾。有用度100%の出だしパターンと、会議、プレゼン、交渉、出張などの仕事の現場をリアルに再現した会話例はワクワクもの。必要なことをしっかり主張しつつ、相手の感情を損ねることのないように微妙なニュアンスも考慮した、ワンランク上の、言い回しが学べます。

著者:ケビン・キュン
A5判書籍288ページ+
ミニブック+CD-ROM
(MP3音声340分)

定価 本体1,800円+税

こんなとき、英語ではこう言います
「お世話になっております」って何て言う?

「よろしくお願いします」「お疲れさま」「おかげさまで」……、毎日のように口にする言葉がすんなり英語にならないことがあります。どうして直訳できないのかを、文化的背景や発想の違いから説明。「ヤバイ」「なんとなく」といった、よく使うひとこと、言えそうで言えない感情表現から、見当もつかない言い回しまでカバー。

著者:クリストファー・ベルトン
翻訳:渡辺 順子
B6判書籍206ページ

定価 本体1,300円+税

英会話 超リアルパターン500+
出だしの「パターン」を徹底トレーニング!

「最初のひとことが出てこない」人におすすめ。英文を頭の中で組み立てるのではなく、出だしのパターンをモノにすれば、続けてスラスラと話せるようになります。さらに本書の特長は例文のリアルさ。「覚えてもまず使わない」例文ではなく、生々しくて面白くて実生活で必ず使う表現で構成。

著者:イ・グァンス/イ・スギョン
A5判書籍293ページ+
ミニブック+CD-ROM
(MP3音声280分)

定価 本体1,800円+税

英語で語るニッポン
現代日本の実生活を話してみよう

たこ焼き、発泡酒、ゴミの出しかた……、日本のことを外国人に説明しようというとき、ぴったりの英単語が思い浮かばなくても、今の英語力で上手に表現できるテクニック9つを伝授。日本人の価値観や生活のルールなどの説明も適宜加えながら、やさしい話し言葉スタイルで表現し、外国人との会話が弾むように構成。

コスモピア編集部 編
A5判書籍235ページ

定価 本体1,800円+税

英会話 超リアルパターン500+〈海外ドラマ編〉
TVドラマのワンシーンが英会話の先生!

『シャーロック』『CSI』『グリー』をはじめとする海外ドラマ45作品から、ネイティブがよく使う出だしのパターンを厳選。どのシーンでどう使われたのかを具体的に再現しているため、ニュアンスがよく分かります。字幕に頼りきりだったセリフも、英語のまま聞き取れるケースがグンと増えます。

著者:イ・グァンス/イ・スギョン
A5判書籍294ページ+
ミニブック+CD-ROM
(MP3音声349分)

定価 本体1,800円+税

全国の書店で発売中! www.cosmopier.com